PART 4 　司令塔の役割とチーム戦術

PART 5 　キャッチャーの配球術

JN112503

PART 6 　キャッチャーのトレーニング

PART 7 　キャッチャーの準備

キャッチャー（捕手）の考え方

PART 1

コツ 01 チームメイトに信頼される キャッチャーになる

**試合の流れを
コントロールする**

Check Point!

❶ キャッチャーは
　ピッチャーを育てる
❷ 強いチームは
　キャッチャーが優れている

キャッチャーが試合の流れをコントロールする

キャッチャーの喜びとは何だろうか―。ひとつのアウト、チームの勝利、ピッチャーの完封、ノーヒットノーランなど、勝利に直接的に関係しなくても常にキャッチャーは「影のヒーロー」であり勝利の立役者であるが、主役はあくまでピッチャーだ。しかしキャッチャーの貢献度はチームメイトの誰もが認めるところであり、そのような理想的なキャッチャーになることを目指してもらいたい。

「**ピッチャーを育てるのは、キャッチャー**」であり、「**キャッチャーを育てるのもピッチャー**」というのが土屋流のバッテリー感だ。しかしキャッチャーの役割は、野球の守備においてピッチャー以上に重要になってくる場面がある。野球選手としてキャッチャーを目指すなら、その点を理解して取り組むことが大切。

強いチームには絶対的なエース・ピッチャーがいたり、ほかにも良いピッチャーは控えているが、その素材を生かすのも受けるキャッチャーによることが大きい。逆に

ピッチャーの力が多少弱くても、**キャッチャーがしっかりしているチームは強豪チーム**とみなされ、試合でも安定的に結果を残している。

キャッチャーとしてはピッチャーの投球を受けるが、決して受け身ではなく自分から発信、考えてプレーすることが大切だ。中学生ぐらいになれば、リードも含めて「野球」に正面から取り組む必要がある。

プロ野球のキャッチャーがバッターボックスのバッターを観察しているが、これは表情や仕草からバッター心理やどんなサインが出たのか推察している。このタイミングではバッターとピッチャーの間合いをとりつつ、バッターのタイミングをいかに外すことができるかを考えること。調子の悪いバッターには、間をおかずどんどん攻め、調子の良いバッターに対しては打ち気を反らすようにピッチャーのリズムを微妙に変えていく。試合全体の流れをコントロールできるのもキャッチャーならではのやりがいといえる。

個々の選手にあった指導で強いチームをつくる。

コツ 02 「明るさ」「元気」で チームを引っ張る

野球選手、
キャッチャーとして
成長する

Check Point!
❶ 扇の要として元気を出す
❷ ピッチャーとの
　信頼関係を築く

ピッチャーに信頼されることでキャッチャーとして成長する

キャッチャーのポジションに適しているのは一般的に「肩の良さ」や「体の大きさ」「頭の良さ」「下半身の柔軟性」など、といわれる。確かにそれに当てはまれば、キャッチャーとしては好素材かもしれない。しかし、最も大切なのが「元気」だ。

チームの司令塔として、扇の要として守る選手に元気があれば、チーム全体にそれが伝わる。逆にキャッチャーが大人しいチームは、どこか淡々と試合を進めている感がある。たった一人の選手でチームの雰囲気がガラっと変わるのもキャッチャーならではであり、大事なポジションといえる。

失敗を恐れず、バッターに打たれてもピッチャーに対して大きな声で「打たれたら、俺の責任だから大丈夫！」といえる心の強さも求められる。

逆に教え子にプロ野球で活躍した選手であっても最初からピッチャーの信頼を得られるとは限らない。彼はバッティングも良く、キャッチャーとしても非凡なセンスを見せていたが、高校時代はキャッチングの上手な選手ではなかった。もともとはピッチャーをやっていたせいか、投球が体に当たること嫌がったり、体に当てでも止めるような気迫に欠けていたのだ。

この姿勢にピッチャーは敏感に反応してしまう。投球ではワンバウンドを恐れ、知らず知らずにリリースポイントが高くなる。そうなるとバッターにとっては打ちやすい球になるだけに、決して良い結果は生まれず「キャッチャーとピッチャーの信頼関係」も育たない悪循環になってしまう。

このようなケースでは、寮生活などでバッテリーだけの時間を設け、しっかり話し合わせることが大切だ。そうすることでピッチャーとの信頼関係が徐々に生まれ、**キャッチャーとしてはもちろん、野球選手としても成長することができる。**

土屋監督の教え子たち（おもな在籍チーム）

関川浩一　（阪神・中日ドラゴンズ・東北楽天・阪神コーチ・福岡ソフトバンクコーチ）
大久保秀昭　（近鉄バファローズ・横浜ベイスターズ・慶應義塾大学監督）
小桧山雅仁　（横浜ベイスターズ）
高木大成　（西武ライオンズ）
副島孔太　（ヤクルトスワローズ・オリックスブルーウェーブ）
高橋由伸　（読売巨人軍・読売巨人軍監督）
吉田好太　（近鉄バファローズ・横浜ベイスターズ）
佐藤隆彦〈GG佐藤〉（西武ライオンズ・千葉ロッテマリーンズ）
小野　剛　（読売巨人軍・西武ライオンズ）
浅井　良　（阪神タイガース）
川岸　強　（中日ドラゴンズ・東北楽天）
平野恵一　（オリックス・阪神タイガース・オリックス・阪神タイガースコーチ）
由田慎太郎　（オリックスブルーウェーブ）
普久原淳一　（中日ドラゴンズ）
栂野雅史　（読売巨人軍・東北楽天）
加賀美希昇　（横浜DeNAベイスターズ）
鈴木大地　（千葉ロッテマリーンズ）
井領雅貴　（中日ドラゴンズ）
川相拓也　（読売巨人軍）
茂木栄五郎　（東北楽天）

コツ 03 チームを守備で引っ張り、失点を防ぐ

Check Point!
① 投球にミットが流れないようキャッチする
② バッターを観察してピッチャーの持ち球を生かす
③ 野手としてチームの守備に参加する

ピッチャーに見えるようにミットを構える

ピッチャーの投球を正確に捕球する

ピッチャーとキャッチャーは「バッテリー」といい、チームを守備面でけん引する選手だ。とかく「ピッチャーを育てるのはキャッチャー」といわれるほど、キャッチャーの能力次第でピッチャーの投球内容は変わり、チームのディフェンス力にも大きく関わる。いかに失点を減らし、チームを勝利に導くことができるかは、キャッチャーの双肩にかかっているといえる。

まずはピッチャーが投げやすい構えでボールを待ち、投球を正確に捕球すること。これがキャッチャーにとって最も大事な技術で、身につけなければならないテクニックだ。

また投球が乱れてもボールを後ろにそらさないキャッチング力もピッチャーとの信頼関係には欠かせない。

POINT 1
投球にミットが 流れないようキャッチする

ピッチャーの球を正確に捕球することがポイント。投球を「線」あるいは「点」で捕らえる。キャッチングする際に投球の勢いでミットが流れてしまうと、ストライクゾーンのギリギリコントロールされた球が「ボール」と判定されてしまう。

POINT 2
バッターを観察して ピッチャーの持ち球を生かす

ピッチャーの投球を左右するのがキャッチャーのリード。ピッチャーの球種を理解し、バッターに対して決め球をどこで使うのか、頭でイメージしながらサインを出す。バッターの特徴や狙いを観察したうえで、配球を組み立てていくことが好リードの秘訣だ。

POINT 3
野手としてチームの 守備に参加する

キャッチャーといっても「九人の野手」の一人に変わりはない。ゴロの処理や本塁でのクロスプレー、他の野手のプレーに対するバックアップなど多岐に渡る。それらのプレーをマスクやプロテクター、レガース等を装備しなければならないので体力も必要。

プラスワン アドバイス 1
キャッチャーの頭脳が チームの守備力に関わる

点差を考えた守備のフォーメーション、そして実際に打球が飛んだ際の指示もキャッチャーが行う。キャッチャーが「司令塔」ともいわれる理由だ。ピッチャーの投球前のピックオフプレー、投球後のサインプレーの成功のカギもキャッチャーの相手チームに対する観察力による部分が大きい。

コツ 04 扇の要を担うことができる キャッチャーを育成する

❶ キャッチングがうまくならないと
　試合に出ることができない
❷ 正捕手不在でも
　チーム力を維持する
❸ バッターを打ちとるための
　配球を身につける

**理想のキャッチャー像を
目指して練習する**

優れた判断力と頭脳がキャッチャーには必要

　チームを作る上で骨格となるのがセンターラインの選手だ。特にキャッチャーは扇の要と言われ、ピッチャーも含めた野手全員に対し、ひとりだけグラウンド全体を見渡すことができる位置にポジショニングしている。明るくチームを引っ張ることができる性格とゲーム状況を冷静に判断できる頭脳があり、ルールはもちろん「野球」自体に精通している選手がつとめることが理想だ。

　ひと昔前は、キャッチャーといえば「どっしり型」のイメージがあったが、**現代ではスリムでスピード感のあるキャッチャーが活躍している**。身体的には股関節まわりが柔らかい選手がベター。股関節まわりの柔軟性が高いと、地面にスレスレまで腰を落とすことができるので、パスボールを減らし、審判が見えやすい捕球ができる。

POINT 1
キャッチングがうまくならないと試合に出ることができない

ピッチャーのボールの勢いに負け、ミットが流れてしまうと審判にボールとジャッジされてしまう。ただ捕るだけでなく、審判がみやすい捕球を心がける。ランナーのいる場面では、ボールを後ろに逸らさないよう地面を滑るようにしてパスボールを防ぐ。

POINT 2
正捕手不在でもチーム力を維持する

キャッチャーは専門職であり、ケガも多いポジションだけに、チームとしては事前に何人か育成する必要がある。正捕手がケガなどをしてしまった場合、チーム力は一気に低下する。控え捕手や内野とキャッチャーを兼務できるような選手を用意しておく。

POINT 3
バッターを打ちとるための配球を身につける

ピッチャーの調子が悪いときほどキャッチャーのリードが重要。バッターを打ちとるための「配球」を磨く。過去の対戦データやバッターの様子、相手ベンチの動きを見ながらリードする。これにはたくさんの経験と学習が必要。

プラスワンアドバイス
プロテクターが似合う選手がキャッチャーをつとめる

扇の扇がバタバタしてしまえばチームはまとまらない。レガースやプロテクターをつけるため、重いものを身につけてもすばやく動作できることが大事。体力の消耗や頭脳の疲労にも耐えうるプロテクターが似合う選手が理想。

コツ 05 人間性に優れた選手が担う

守備位置に入るときに
グラウンドに一礼する

試合開始前の練習時
は、グラウンドに一
礼してから入る。

キャッチャーとキャプテンは兼務しない方がベター

キャッチャーはピッチャーに対して「女房役」という表現されることがあるが、本当は「ピッチャーを引き立てる男」であることが理想。ピッチャーの信頼を全身に受け、ときにはチームの敗戦や選手のミスを引き受けるぐらいの度量の大きさも必要だ。

そのような性格の選手は、キャプテンシーもあり主将もつとめられる能力はあるが、チームを機能させるためには副主将ぐらい

に留めてキャプテンは別の選手に任せるべき。アマチュア野球の場合、主力選手であるキャッチャーは、バッティングでも主軸を打つことも多く、1選手に負担が集中してしまうことは避けたい。またキャッチャーには「人間性」も重要。守備に入る前に、グラウンドに一礼するようなスポーツマンらしい行為が自然にできることが大切だ。

キャッチャーの捕球技術

PART2

コツ 06 フットワークを使って捕球に入る

「扇の要」として本塁を守る

Check Point!

❶ ピッチャーが投げやすい構えで投球を受ける
❷ 落下点に入って飛球を直接キャッチする
❸ ゴロを処理して確実にアウトをとる

ピッチャーの投球を受け野手としてもチームに貢献する

キャッチャーの一番の仕事は、ピッチャーの投球を受けることである。ピッチャーが気持ちよく、投げやすい構えをとることが大事。捕球時にミットが動いてストライクがボールになってしまったり、捕球音が鈍く、響かないようなキャッチングではピッチャーの信頼は得られない。

仮にコントロールミスで投球が乱れても、しっかり体を動かしてボールを後ろにそら

さない捕球能力もポイントだ。

また野手としてのフィールディングに目を移すと、ほかの野手よりは機会は少なくてもゴロやフライをキャッチすることがある。どちらの打球も座った状態から、すばやく足を動かしてボールを捕りに行くフットワークか求められる。ボールの変化や転がり方に注意しながら捕球に入る。

POINT 1
ピッチャーが投げやすい 構えで投球を受ける

まずはピッチャーが投げやすい構えをつくること。構えがしっかりしていないと思わぬ捕球ミスにつながるので注意。捕球前のミットの動かし方はキャッチャーによって2パターン（谷繁・古田型）あるので、自分にあったやり方をマスターしよう。

POINT 2
落下点に入って 飛球を直接キャッチする

キャッチャーフライは、特殊な軌道で飛球があがるため、キャッチするにはコツがいる。バントミスや打ち損じなどで飛球があがったら、すばやくマスクを捕って打球の落下点に入る。ポジション位置の特性上、バックネットやベンチ際まで飛球を追うことがある。

POINT 3
ゴロを処理して 確実にアウトをとる

キャッチャーのゴロに対するフィールディングは、バントや本塁ベースに一度当たるような打球の処理だ。このような打球には、すばやくボールに追いつくフットワークが求められる。ボールをしっかり捕球し、慌てず送球することで確実にアウトを重ねる。

プラスワンアドバイス
新ルールに適応した プレーで本塁を守る

本塁は得点になるかどうか、1つのプレーに注目が集中するベースだ。とりわけコリジョン・ルールが導入されてからは、ランナーの危険な衝突が禁止される一方、キャッチャーのブロックや強いタッチも制限されている。新ルールに適応するプレーを心がける。

コツ 07 的を大きく見せて ミットを構える

正面

横

右手は
レガースの
後ろに隠す

右手は投球が当たらないようレガースの後ろに隠す。指先を曲げることでツキ指を防止。

Check Point!

❶ 右足をやや開いて
   腰を落として構える
❷ ミットを開いて
   的を大きく見せる
❸ 姿勢を維持して
   動きやすい構えをとる

投げるコースに体を寄せて構える

ピッチャーの投球は、キャッチャーが構えたところからスタートする。つまりキャッチャーの構え次第で投球の結果が変わるということだ。まずピッチャーがコースや高さ、狙いどころを意識して投げるために、そのポイントにミットを構えること。

そのためには正しい姿勢で構えに入り、できるだけ的(=ミット)を大きく見せるように構えることも大切だ。またピッチャーがモーションに入ったら、どっしり構えボールを捕ることに専念する。

バッターと駆け引きを意識するあまり、投球前後に激しく動いたり、ミットだけ動かすような構えではピッチャーは投げにくくなる。アマチュア野球の場合、投げるコースに体を寄せて動かし構えることが大切だ。

POINT 1
右足をやや開いて 腰を落として構える

投球を受ける態勢に入るときは、両足を肩幅程度に開いて、右足をやや開き気味してしゃがむ。このときカカトを微妙に浮かせ腰を落とさないことも大切。そうすることで投球の乱れやランナーのスタート、バッターの打球に反応できる。

POINT 2
ミットを開いて 的を大きく見せる

正確なコントロールを持つピッチャーの場合、キャッチャーの構えるミットを狙って投げてくる。構えるミットが下を向き、的となるミットが小さく見えるのは悪い例。できるだけピッチャーに的を大きく見せるようミットを大きく開いて見せること。

POINT 3
姿勢を維持して 動きやすい構えをとる

後ろ重心で腰が落ちてしまった姿勢では、投球に対する捕球はもちろん、ランナーのスチールやバッターの打球に対してすばやく反応できない。姿勢をまっすぐ維持し、腰が必要以上落ちないように構えることがポイント。

プラスワン アドバイス バッターにコースを 悟られない構え方

構えるときは投げるコースに対して体を寄せて、ミットをピッチャーに大きく見せること。投球動作に入る前に動いてしまうと、バッターにコースを悟られてしまう。ホームベース中央でサインを出し、投球動作に入ったら、スムーズに体をコースに寄せる。

コツ 08 ストライクを確実にコールされるキャッチングを身につける

Check Point!
❶ 高いところから落ちてくる
　ボールに対しミットを落とさない
❷ 左右の動きにミットが
　流れないように対応する
❸ フレーミング技術を
　磨いてピッチャーを助ける

ピッチャーを助けられる
キャッチングを身につける

審判が見えやすい構えでキャッチングする

　キャッチャーが構えたところに投球がくるとは限らない。規則正しいフォーシームだけでなく、スライダーやカーブなど曲がる軌道のボール、フォークボールやチェンジアップなど不規則な動き方をするボールに対応しなければならない。

　ストライクゾーンには、高さと幅でそれぞれ規定がある。投球のストライク・ボールがジャッジされる場所は、あくまでホームベース上の空間。しかし、ピッチャーが投げたボールの勢いでミットが左右に大きく流れたり、地面についてしまうと、審判の印象はボール判定に傾いてしまう。

　キャッチャーの構えは、審判が見やすいかどうかも念頭に置く。ストライク・ボールの判定は審判が行うものなので、キャッチャーが必要以上に腰高に構えて、ジャッジしにくい状況にならないよう注意する。

POINT 1 高いところから落ちてくる ボールに対しミットを落とさない

高低で注意しなければならないのが低めへの投球だ。高い軌道から落ちてくる変化球に対し、補球するときにミットが上から下へと落ちてしまうと審判は見えにくくなってしまう。落ち際をミットで下から突き上げるぐらいのイメージで前で捕る。

POINT 2 左右の動きにミットが 流れないように対応する

ツーシームやカットボール、スライダー系の変化球は、投げるピッチャーの能力や特徴に応じてキレや回転が変わってくる。ベースの角をかすめるように、通過したボールが補球位置で大きく動いてしまわないように注意する。

ピタッ！

POINT 3 フレーミング技術を 磨いてピッチャーを助ける

「フレーミング」という高度な補球技術を使うことで、ピッチャーの投球を大きく手助けることができる。これは補球した直後にミットを動かし、審判の目をあざむくことではなく、どちらともジャッジできる微妙な投球に対して補球技術でストライクにすることだ。

プラスワン アドバイス 審判が見えやすい 構えでボールを受ける

キャッチャーの構えは、審判が見やすいかどうかも念頭に置く。ストライク・ボールの判定は審判が行うので、キャッチャーが必要以上に腰が高くてはジャッジしにくい。審判が見えやすい構えは、自然とキャッチャーの理想の構えになっているはずだ。

コツ 09 レガースを地面につけ 低く構える

左足を
地面につけて
構える

通常

外角低めに構えて捕球する

ピッチャーの投球の基本となるのが「アウト・ロー」であるバッターから遠い外側低めのコースだ。ここにストレートをコントロールすることがピッチャーの投球の生命線ともいえ、キャッチャーもアバウトに構えることはできない。

ギリギリのコースに体を寄せてミットを構え、片方の足のレガースに当たる部分を地面につけるのがポイント。そうすること

でより低く構えることができ、ピッチャーに低めを意識させることができる。体勢は低くなってもミットは小さく見えないようしっかり開いて構えるようにしよう。

インコース低めの構え方も同じだが、勝負球として使うことが多いので注意が必要。ピッチャーにサインで球種とコースを伝えたら、バッターに気づかれないよう「すーっ」と体を内側に寄せて低く構える。

コツ⑩ 尻をあげて腰高に構える

通常

腰を高くして構え
ランナーをけん制

やや腰を高くして構えてランナーを制する

　塁上にランナーがいる場合、キャッチャーはランナーのスチールはもちろん、リードが大きいときのけん制球プレーなども頭に入れておかなければならない。自然、捕球の構えは、やや腰が高くなる。そうすることで捕球後の送球動作への移行をスムーズに行うことができるのだ。

　スタンスや構え方は基本の構えと変わらないが、やや腰を高くしてお尻を少し持ちあげる。このとき重心が前過ぎたり、後ろ過ぎたりしないよう姿勢を維持する。ショートバウンドには腰を落として対応する。

　これはランナーに対してスキを見せないために必要な動作であり、「いつでも投げるぞ!」というランナーに対してのシグナルとなる。捕球後にランナーと目を合わせることもけん制となり、ランナーは簡単にスタートを切ることができなくなる。

コツ 11 投球を点でとらえてキャッチする

ミットを前に出して捕球する

Check Point!

❶ ボールに対して目線を合わせる
❷ ヒジの遊びで投球を点に合わせる

できるだけミットを動かさず捕球する

　ピッチャーによっては、投球時にできるだけミットを動かさないで欲しいという心理がある。これにはキャッチャーは構えたところから、できるだけミットを動かさずにキャッチする高い技術が求められる。

　このキャッチング方法で代表的なのが、プロ野球の中日ドラゴンズで活躍した谷繁選手だ。大魔神といわれた佐々木投手の落差の大きいフォークボールも確実にキャッチした技術は、まさにキャッチングのお手本ともいえる。以降は「谷繁型キャッチ」として解説する。

　谷繁型キャッチは、まさに投球を点でとらえるような捕球方法だ。**ミットは上下せず、体の前で構えたミットをピッチャー方向の前に動かすだけで捕球する。**

　片足を地面につけない姿勢で構え、投球に対してすばやく反応することも大事。ミットを上下に動かす遊びがないので、力が入り過ぎると荒れ球に対応できない。

POINT 1
ボールに対して目線を合わせる

ミットを構える位置が体に近すぎると、投球に対してのゆとりがなくなり、ミットの前後の動きが大きくなる。ミットを上から見るような形になり、当然ボールに対しての目線も上からとなってしまう。これはパスボールの原因となるので注意。

POINT 2
ヒジの遊びで投球を点に合わせる

投球がミットに届くまでは動かさずに待つ。コースや高低のズレに対しては、構えたところから直線的に腕を伸ばして、点でボールを捕りに行くことがポイント。ミットを構えたところから前に出すことができるヒジの遊びが重要になってくる。

コツ12 ミットをさげ、タイミングを合わせてとる

ミットを
一度さげてから
捕球する

Check Point!

❶ミットのさげ過ぎは
捕球ミスにつながる

❷ヒジの高さを維持して
目線を合わせる

外から内に動かしてミットが流れるのを防ぐ

一般的なキャッチングとして行われているのが、一度ミットを下にさげてから捕球する方法だ。ミットをさげたときに一旦、腕の力を抜いて、タイミングを合わせてボールをつかみにいく。プロ野球ではヤクルトスワローズで活躍した古田捕手のキャッチングが一流の技術とされている。多くのキャッチャーがこのスタイルで捕球するが以降は「古田型キャッチ」として解説する。

特に落ちるボールや外に曲がる変化球をキャッチするのに適している。ときにはレガース部分を地面につけて低いボールを捕球することも可能だ。このとき理由はミットを持つ左手が邪魔にならないよう左足をつけることがポイントだ。

外のコースに流れていくようなボールは、外側から内側にミットを動かし持っていくことでミットが流れるのを防ぎ、ギリギリのコースをストライクゾーンで捕球することができる。

POINT 1
ミットのさげ過ぎは捕球ミスにつながる

ミットをさげてから捕球するまでの動きに、タイミングを合わせることに集中するあまり、ミットをさげるときにヒジまで動いてしまうのはNG。ボールに対しての目線がブレてしまい、ミットの動きも大きくなるので捕球ミスの原因となる。

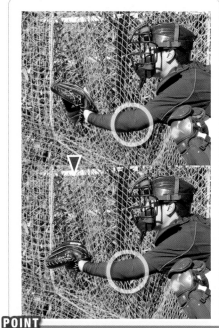

POINT 2
ヒジの高さを維持して目線を合わせる

古田型のキャッチングでは、ピッチャーにミットを見せてから脱力し、ミットを先端方向に一旦さげ、ボールがくるタイミングにあわせてミットをあげる。ミットはさげてもヒジの高さを維持することで、ボールと目線を合わせることができる。

コツ13 両ヒザを立てミットで地面につける

肩の力を抜いて
ショートバウンドに
対応する

Check Point!
1 ショートバウンドに対して体でボールをとめにいく
2 体で面をつくりボールを前に落とす
3 腰高になるとボールがコントロールできない

ボールに対してミットと体を使って受け止める。

体に当ててでもボールを前に落とす

　ショートバウンドの捕球は難しく、勇気がいるプレー。ランナーがいれば簡単に進塁を許すことになるだけに、キャッチャーとして確実にマスターしなければならない。

　スライダーやフォークボールなど決め球となる変化球をそらしていては、ピッチャーは安心して投球することができない。

　基本的にキャッチャーの正面にくるショートバウンドの捕球は、ボールに対して両ヒザ地面につけて立ち、ミットの先を地面につけること。右手は、ミットの後ろに入れて添えるように持つ。このとき体を前傾姿勢の「くの字」にして、ボールが体にあたったときの大きな跳ね返りを防ぐ。

　体に力が入りすぎると、ボールは大きく跳ねる。体を柔らかくスポンジのように受けとめることがポイント。

POINT 1 ショートバウンドに対して 体でボールをとめにいく

100km/h以上の投球がショートバウンドすれば、ミットだけでとりに行っても捕球することは難しい。体を使ってボールをとめに行くことが大切。ボールの軌道を見極めてショートバウンドが予測されたら、すばやく捕球体勢に入ることがポイント。

POINT 2 体で面をつくり ボールを前に落とす

ショートバウンドはミットあるいは体でとめることが大事。体でとめる場合は、送球動作にすばやく入るために体の前に落とすこと。そのためにはミットと体で面をつくり、前傾姿勢でくの字になる。体の面が斜めになっているとボールは前に落ちない。

POINT 3 腰高になるとボールが コントロールできない

捕球体勢で腰が高くなっていると、足の間をボールが抜けてしまったり、ボールが体に当たっても大きく弾いてしまう。また体が伸びあがっていると、マスクとプロテクターに隙間ができてノドにボールが当たってしまうので、アゴをしっかり引く。

プラスワン アドバイス ミットの捕球面が 上を向かないように注意

ミットで面をつくって構えることがポイント。ミットが上を向いていると、ボールが捕球面に当たって浮きあがったり、股の間を抜けてしまう。両ヒザの間にセットし、地面にミットの先をつけて後方にボールが抜けないよう注意しよう。

コツ14 ヒザからボールに向かって移動する

左右への ショートバウンドに すばやく対応する

左

バウンドするところを
しっかり見て、ヒザか
らボールに対して移動。
できるだけ姿勢が伸び
あがらないようにする。

体をやや内側に向けてボールを前に落とす

外角低めへのコントロールミスや外へ切れていく変化球の場合、投球がショートバウンドして左右に流れることがある。

この場合、キャッチャーはヒザからボールの方向に体を動かしていくショートバウンドのとめ方になる。このときも正面のショートバウンドと同じように、腰が浮かないように低い体勢を維持することが大切だ。

体が浮いてしまったり、横移動で大きく滑ってしまうと、股下をボールが抜けたり、ボールをコントロールすることが難しい。できるだけ体勢が伸びあがらないようにして、前傾姿勢で移動することを意識しよう。

横にそれた場合は、ボールに対しての体の向きをやや内側に向け、ボールが手の届きやすいところにボールを落とす。

バウンドする地点にミットを持っていくことで、体をスムーズに移動できる。

ボールに対して体をやや内側に向ける。そうすることで落ちたボールをとりやすいところにコントロールする。

右

コツ15 落下点に すばやく入って構える

バックネットに体を向けてファウルフライをキャッチ

キャッチャーフライは、ほかの飛球とは違い独特な軌道を描く。ボールは真上にあがり、バックネット側にバックスピンがかかる打球が多いのだ。

ファウルフライの場合、フェアグラウンド側に体の正面が向いていると、ボールが後方にどんどん逃げていき落球してしまう。体をバックネット側に向けて捕ることが基本となる。逆にフェアフライをキャッチする場合は、フェアグラウンド側に体を向けるか、一旦、落下地点より余分に走って、バックネットに体を向ける方法がある。

捕球するときはヒザにゆとりを持ちつつ、姿勢を正して落下するボールの下からミットを構える。風やバックネット、ベンチ、ネクストバッターズサークルなど障害物や予期せぬ事態もあるので、できるだけ早く落下点に入ることが大切だ。

Check Point!
❶キャッチャーマスクを外して遠くに飛ばす
❷一度ネットまで行き、戻りながらキャッチ

マスクを外し
落下点を見極める

POINT 1
キャッチャーマスクを外して遠くに飛ばす

フライがあがったらキャッチャーマスクをすばやく外し、足元から遠ざけるように投げる。そこから落下点にすばやく移動する。キャッチャーボックス周辺に置いてしまうと、飛球方向によっては自分でマスクを踏んでしまうこともあるので注意する。

POINT 2
一度ネット際まで行き戻りながらキャッチ

バックネットやベンチ際にあがった飛球は、恐怖感があって捕球に集中できない。落下点にすばやく入ることを優先しつつ、一度バックネット(あるいはベンチ)の際まで走り、そこから飛球に合わせて戻る方が安心してキャッチできる。

落下点に入ったら姿勢を維持してボールをキャッチする。

コツ 16 両手で挟むように捕球する

素手で捕っても
ミットは添える

バッターと交錯しないよう後を追うよう、捕球体勢に入る。打球の状況によっては、直接ボールを握りに行き、投げても良い。

ゴロに対して先回りして捕球体勢に入る

バントやバッターの打ちそこないによるゴロの処理は、打球方向の後ろからアプローチするキャッチャーにとっては簡単な打球ではない。しかし確実に捕球してアウトにとらなければならないプレーだ。

キャッチャー前のゴロに対し、投げる方向を先回りして捕球体勢に入ることがポイント。一度ボールを追い越して、**ボールが転がる先にミットで待ち構え、両手ではさ**むような捕球体勢が理想。ボールを握ったらすばやく送球動作に入る。

ゴロを追いかけるときは、はじめの一歩目を大きく踏み出し、ボール際では歩幅を調整することで、スムーズな動作で動くことができる。ときはミットを使わず直接、ボールをとりに行ったり、ランナーや打球の状況によってはファウルゾーンまで転がるかどうか見極めることも必要だ。

コツ17 本塁を空けてタッチにいく

ランナーの走路を空けてタッチする

Check Point!
❶ ブロックを禁止して
キャッチャーの安全を確保する
❷ ランナーの走路に入って
待ち構えてはならない
❸ ランナーに対して
激しくタッチしない

走路を空けて流れるようにタッチする

　本塁でのクロスプレーでの選手同士の衝突を防ぐためのルールが「コリジョンルール」だ。同ルールにより、本塁へ走るランナーのキャッチャーへのタックルはもちろん、本塁を守るキャッチャーがホームベースをまたいだり、ランナーの走路を防ぐようなポジショニングはできなくなった。

　従来ルールでは、ホームベースの一角を開けていればできたブロックも禁止となり、よりキャッチャーのタッチ技術がポイントになる。ギリギリのタイミングでランナーをアウトにするには、**野手からの送球とキャッチャーのタッチプレーの精度が高くなければならない。**まずはルールを理解したうえで、野手からの送球の高さやコースによって、タッチの仕方を変えていくことが大切だ。

POINT 1
ブロックを禁止して キャッチャーの安全を確保する

従来のルールの解釈では、ホームベースの一角を空けていればブロックは可能だった。新ルール適応後は、一切のブロックが禁止されている。そのためランナーがブロックしているキャッチャーを突き飛ばすような危険なプレーは行ってはならない。

POINT 2
ランナーの走路に入って 待ち構えてはならない

キャッチャーのポジショニングにも注意しなければならない。基本的にはランナーの走路にポジショニングしていることは禁止。野手から送球が乱れて、やむを得なく走路に入ってしまう場合も、タッチにいくときはランナーの邪魔にならないよう行う。

POINT 3
ランナーに対して 激しくタッチしない

タッチに行くときも力づくの「激しいタッチ」をしてはならない。基本的にはランナーの足や体に対して「追いタッチ」になるような流れが理想。野手からの送球が乱れて、キャッチした直後に勢い余って力強いタッチになってしまうので注意。

プラスワン アドバイス 捕球後は最短距離で タッチする

ランナーはホームベースに触れれば得点となるので、スピードを落とさず突っ込んでくる。野手からの送球を捕球したら、審判が見えやすい角度でランナーにタッチすることが大切。野手からの送球のコースにあわせて、最短距離でタッチできるよう動作する。

コツ 18 捕球から最短距離でタッチにいく

時計回りでキャッチ

野手に対して大きく構える

▲野手からの送球が左バッターボックス方向にそれる。　　▲ボールをよく見て捕球する。

▼野手からの送球が右バッターボックス方向にそれる。　　▼ボールをよく見て捕球する。

反時計回りでキャッチ

POINT 1

捕球後の動作を イメージして待つ

左右にそれた場合は、捕球後いかにすばやくタッチできるかが、ランナーをアウトにするポイント。送球のコースを見極めたところで、キャッチ後の動作をイメージすることが大切だ。判断を誤ってしまうと、タッチが遠回りとなりランナーの生還を許してしまう。

▲すばやく時計回りにタッチにいく。　　▲ランナーの足にタッチする。

▼すばやくミットをおろしタッチにいく。　　▼ランナーの足にタッチする。

コツ19 本塁の中央に足を置く

❶ベースの中央に
足を置いて構える
❷本塁は厚みがないので
足が動きやすい
❸キャッチャーのミスは
直接失点につながる

**足が離れない
位置で
ボールを待つ**

フォースアウトからすばやくほかの塁へ送球に入る

ランナーの到達よりもはやく、キャッチャーが本塁を踏むフォースアウトには、満塁のケースがある。野手のバックホーム体制からの本塁送球に対し、三塁ランナーは得点をとるために、はやめのスタートでくるので、間一髪のタイミングとなることが多い。フォースアウトにとった後は、すばやく他の塁への送球に入るため、ベースを踏んでからの送球動作は、一連のフットワ

ークとしてマスターしておきたい。

少しでもはやく、ボールをキャッチしたいときは体を伸ばして捕球体勢に入る。送球がそれたときにも体を伸ばしてキャッチできる範囲なら、ベースに足を置いたまま送球をキャッチする。このときの足の置き方がポイント。ホームベースの中央に足を置くことで、体が伸びたときでもベースから足が離れないようにする。

POINT 1

ベースの中央に足を置いて構える

バックホームでは、キャッチャーはすばやくポジショニングし、ホームベースの五角形の中央に足を置く。このとき送球する野手に対して、大きく手を広げて構えることが大切。そうすることでキャッチャーが体を伸ばして捕球エリアを大きくみせる。

POINT 2

本塁は厚みがないので足が動きやすい

ファーストの触塁などと違って、ホームベースには厚みがなく足が離れやすい。より遠くまで体を伸ばすために、ベースのギリギリに足をつくのはNGだ。捕球体勢に入る前に、足をつく位置を確認し、捕球動作のなかで足が離れることを防ぐ。

POINT 3

キャッチャーのミスは直接失点につながる

送球前にベースを踏んでいた足が、捕球の瞬間に離れていれば、アウトにとれるはずのプレーが無駄になってしまう。キャッチャーのミスは、直接失点につながるだけに注意したい。ミスを未然に防ぐためにも、捕球前の準備は怠らないようにしよう。

プラスワンアドバイス

フォース後はすばやく送球動作に入る

満塁からのフォースアウトの場合、本塁でアウトにとった後に、ほかの塁への送球が必要になることが多い。捕球してランナーをフォースアウトにしたら、すばやいフットワークで送球動作に入る。このときベースに触れている足をすばやく引くことが大切だ。

コツ20 投げるコースを示してから捕る

ピッチャーの想定外のコントロールミスを防ぐ

戦術上の理由でバッターを四球で一塁に歩かせることがある。この場合、キャッチャーはあらかじめ立って、バッターのバットの届かないコースにボールを投げるよう要求する。ただしキャッチャーはキャッチャーボックス内に位置しなければならないルールがあるため、事前に大きく外すことはできない。

ピッチャーが投球動作に入る前に立ち、キャッチャーボックス内に入りながら、投げる方向に大きく手を伸ばすこと。ピッチャーがリリースした直後に、サイドステップを使いながら移動してボールを捕球する。

簡単な動作のようにみえるが、ピッチャーは通常、座っているキャッチャーに対して投球しているので、思わぬコントロールミスをするとも限らない。バッテリーともども練習が必要だ。

Check Point!

❶キャッチャーボックス内からサイドステップで移動する
❷バッターの左右に合わせてピッチャーに合図する

❹

キャッチャーボックスからサイドステップで移動する

POINT
1 キャッチャーボックス内から
サイドステップで移動する

投球を大きく外そうとするあまり、ピッチャーのモーション前に立ちあがり、キャッチャーボックスから出てはならない。必ず体はキャッチャーボックス内にあること。外れたボールに対して腕だけでなく、サイドステップで体を移動させることも大切だ。

POINT
2 バッターの左右に合わせて
ピッチャーに合図する

敬遠という戦術やサインの伝達はもちろん、ピッチャーが投げる「ボール」コースをしっかり示すことが大切。投げるポイントが曖昧だと思わぬコントロールミスを招く。バッターが右の場合は右手で示し、左バッターの場合はミットで的を明確にする。

COLUMN

正しい「野球用語」で指示する

　キャッチャーは、大きな声で守りにつく野手に伝える指示を与える役割がある。例えば野手の送球がそれた場合の対処として、直接プレーに関わってない選手が動くことを「バックアップ」というが、キャッチャーが間違った指示をして「カバー!」と言ってしまうと、野手はベースに入って捕球するプレーと勘違いしてしまう。

　足の速いバッターが打席に入り、自分も出塁しようとするバントが考えられる場合でも「セーフティーバントがあるぞ!」または「ドラッグバントがあるぞ!」と言うかで、野手の解釈が変わり、対応する野手の動き方も変わる。

　チームとして正しい野球用語を共有していることが大事。声で指示するキャッチャーは、とっさの判断で指示できるようシートノックなど練習で大きく的確な指示が出せるようトレーニングしておく。

キャッチャー
の
送球技術

PART3

コツ21 捕ってから すばやく送球する

送球動作の流れを チェックする

| 捕球 | ボールの握り | テイクバック |

コンパクトなフォームでランナーをアウトにとる

　「肩が強い」キャッチャーが理想とされるが、フォーム次第でランナーをアウトにできる可能性はある。特にキャッチャーはピッチャーとは違い、捕ってからのすばやい動作が必要。送球動作に入るにあたり、前にいるバッターはもちろん、背後にいる審判と接触しないようコンパクトなフォームにすることもポイントになる。そうすることで捕球から送球までの時間を短縮でき

る。コンマ何秒の短縮がランナーをアウトにする武器となるので、正しいフォームを身につけよう。

　送球動作はピッチャーの投球を「キャッチ」するところからはじまり、ミットに手を入れつつボールを握り、腕を引く「テイクバック」、その頂点となる「トップ」、送球に入ってボールを離す「リリース」「フォロースルー」とつながる。

トップ　　　リリース　　　フォロースルー

コツ22 自分にあった トップをみつける

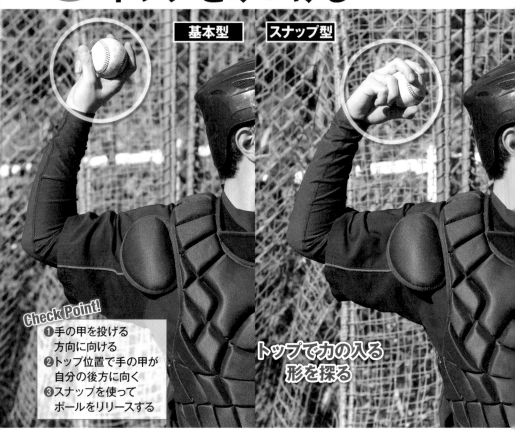

基本型

スナップ型

Check Point!
❶手の甲を投げる
　方向に向ける
❷トップ位置で手の甲が
　自分の後方に向く
❸スナップを使って
　ボールをリリースする

**トップで力の入る
形を探る**

手の甲の向きから理想のトップを探す

　送球動作の「トップ」は、弓なら引き分けて矢を放つ瞬間のポイントにあたる。つまりトップは最も力が入る位置に、腕が収まっていることが大切だ。

　ピッチャーの投球動作の場合、トップでは投げる方向に対して手の甲が向いていることが理想とされている。しかしキャッチャーの場合、ピッチャーほど大きなモーションで投げられないため、必ずしもその形にこだわる必要はなく、トップ位置で手の甲が自分の後方に向いていても構わない。

　選手によって筋肉の柔軟性や関節の可動域が違うので、まずは自分にあったトップの形を探すことが大事。自分に合わないトップで無理に投げようとすればケガをする恐れも。逆にトップ位置が決まれば、そのあとのスローイングがスムーズになり、コントロールの精度やスピードがアップする。

POINT 1
手の甲を投げる方向に向ける

トップの理想形とされるのが、手の甲が投げる方向に向いている状態だ。肩甲骨がしっかり開き、肩関節の可動域もある程度ないとこの形はつくれない。ボールを持つ方のヒジを高くあげ、ミットを持つ腕側の胸も張って、その後の投球動作をリードする。

POINT 2
トップ位置で手の甲が自分の後方に向く

肩甲骨の可動域が小さかったり、肩関節がうまくまわらないキャッチャーは、送球動作に大きなロスが生じる可能性があるので、手の甲を自分の後方に向けるトップに取り組んでみよう。その形に無理がなければ、スローイングの動作もスムーズにいく。

POINT 3
スナップを使ってボールをリリースする

トップの位置が決まれば、その後のリリース動作はどちらも変わらない。ただし手の甲を自分の後方に向けるトップは、後方への捻りが少ない分、リリース時にスナップを使うイメージを持つことがポイント。そうすることでボールのスピードがアップする。

プラスワンアドバイス **1**
力が入るトップの形を探る

自分に合ったトップを見つけるために、テストする。それぞれのトップの形をつくって、パートナーに指先を持ってもらい、どちらで力が入りやすいか試してみる。トップは最も大きな力を生み出すポイントだけに、自分の投球フォームでのパワーポジションを探してみよう。

コツ 23 正確に捕球して すばやくトップをつくる

日頃のキャッチボールからすばやいトップを意識する

キャッチャーの送球動作は、「捕球」からはじまる。捕球を急ぐあまり腕を伸ばしたり、目を離してしまうと送球動作にスムーズに移れないばかりか、捕り損ねてしまうこともある。ランナーのスタートに惑わされず、ピッチャーの投球をキャッチすることに集中しよう。

投球を捕ると同時に、腕を後ろに引き、トップの位置をつくることがポイント。こ

こまでのスピードで送球動作の速さが決まるといっていいだろう。日頃のキャッチボールから「捕る」、すばやく「トップをつくる」という動きを体に身につける。

このとき軸足は投球方向に対して直角。前足は投げるベース方向に足を踏み込むことで、コントロールの精度が高くなる。

Check Point!

❶指にかからなくても
　安定的にスローイングする
❷ウエストしたときは
　確実にランナーをアウトにする

捕球に合わせて 軽くステップする

POINT 1
指にかからなくても
安定的にスローイングする

人差し指と中指が縫い目にかかっている「フォーシーム」が理想の握り。しかしキャッチャーの場合、短い時間で握り替えることは難しい。ミットに手を入れてから、すばやく縫い目にかけると練習とともに、かからなくても安定的に投げられること。

POINT 2
ウエストしたときは
確実にランナーをアウトにする

ランナーのスタートが事前にわかった場合は、ボールを外してウエストした体勢からの送球動作になる。キャッチャーは投げやすくアウトにしやすいが、油断は禁物。捕ってからトップまでの動作とステップを正しく行い、力まずコントロールして投げる。

コツ 24 軸足を動かさずに送球する

時間短縮のアドバンテージでランナーをアウトにする

キャッチャーの送球を野手が捕球するまでの時間が短ければ短いほど、ランナーをアウトにできる確率は高くなる。

通常キャッチャーは、捕球からすばやくテイクバックしながら足を引き、その足を継いでステップしてから送球に入る。より高度な技術で時間短縮するには、足を継ぐ動作をなくす「ノーステップ」で投げることが必要だ。

捕球した時点での軸足は、固定してその場で投げなければならないため、ある程度の肩の強さは必要だ。しかし、ポイントになるのが送球するボールのコントロールだ。ボールをキャッチしてからリリースするまでの時間短縮に大きなアドバンテージになるので、しっかりベース付近にボールが届くよう正確に送球することが大切だ。

Check Point!

❶軸足でタメを
　つくってから投げる
❷瞬時の状況判断で
　ステップの有無を決める

軸足を動かさず スローインする

軸足でタメを
つくってから投げる

ステップしてから投げる通常のスローイングと違い、ノーステップは軸足をその場から動かさない。捕球からのテイクバック、トップへの段階で軸足にタメをつくる。そこから一気にターゲットに向かいスナップを使って腕を振る。

瞬時の状況判断で
ステップの有無を決める

ステップするかしないかは、ランナーのスタートのタイミングや捕球体勢によって決まる。瞬時の判断でキャッチャーはステップの有無を決める。肩の強さを過信し、力任せに投げていてはコントロールが定まらず、とっさのプレーでの対応力がつかない。

コツ 25 ベースに向かって 足を踏み込む

歩幅を大きくステップを使って投げる

キャッチャーからの一塁への送球は、ランナーへのけん制をはじめ、本塁フォースアウト後やキャッチャーゴロ処理後の送球などがある。特にピンチ場面での「ピックオフプレー」でランナーをアウトにすることができれば、チームに大きく貢献できる。

動作の流れ自体は、基本のスローイングと変わらない。ただし送球する方向が二塁とは違うため、軸足を一塁ベースに対して直角にし、ステップする足はベースに対して踏み込んでいく。

左バッターが打席の場合は、送球の邪魔にならないよう外角のボールは前へ、それ以外はバッターの後ろ側に移動して動作に入る。ボールのキャッチ後は歩幅をしっかりとり、「①②③」のタイミングで投げると投球動作がスムーズになる。

Check Point!
❶ピックオフプレーで
　ランナーを塁に釘づけにする
❷軸足を一塁ベースに
　対して直角に置く

バッターの
左右によって
ステップを変える

POINT 1

ピックオフプレーで ランナーを塁に釘づけにする

キャッチャーの送球によって、ランナーをアウトにとることができる。ランナーのリードが大きく、帰塁が遅いようなら投球の捕球後、すばやく一塁へ投げる。相手チームにスローイングの精度の高さをみせることになり、足を使った攻撃を封じることができる。

POINT 2

軸足を一塁ベースに 対して直角に置く

軸足はステップする左足に、一旦寄せるようにして前に出すこと。このとき、軸足は一塁ベースに対して直角になるように置くことがポイント。そこから踏み出す足を送球方向に向けて踏み込み、スローイングに入ることで正確な送球ができるようになる。

コツ 26 ピッチャーを目安に コントロールを定める

ピッチャーとの共同作業で盗塁を阻止する

キャッチャーの二塁へのスローイングは、まさに送球技術の見せどころといえる。一・三塁ベースよりも距離が遠くなるだけに、すばやい送球とコントロールがポイントになる。

けん制では野手との呼吸が大事だが、盗塁阻止のための送球は、ピッチャーとの共同作業ともいえる。投球フォームのクセを盗まれたり、ピッチャーからのけん制球が

ないと、ランナーに簡単にスタートを切られてしまう。ピッチャーにはクイックモーションで投げてもらうのがアウトにとれるコツ。

送球動作は基本のスローイングで解説した通り。軸足は投球方向に対して直角につき、前足は投げるベース方向に足を踏み込むこと。できるだけはやくトップをつくることが送球動作の短縮につながる。

Check Point!
❶ピッチャーを目安に コントロールを定める
❷ランナーのスタートに対して 慌てず対処する

ピッチャーとの共同作業でアウトにとる

POINT
1
ピッチャーを目安に
コントロールを定める

約38m先の二塁ベース上にきっちりコントロールすることは難しい。精度が定まらない場合は、ホームベースと二塁ベースの中間に立つ、ピッチャーを目安にし、自分の送球がどのあたりを通過すれば、二塁ベース上のストライクになるかイメージする。

POINT
2
ランナーのスタートに対して
慌てず対処する

二塁での盗塁阻止の場合、ピッチャーがモーションを盗まれていなければ、必ずチャンスはある。力んだり、慌てることでの暴投はNG。投球を正確にキャッチし、すばやく送球に移ることができればランナーをアウトにすることができる。

ステップワークを使って送球する

三塁手の構える位置に正確にコントロールする

　三塁への送球は、二塁に比べると距離が近いため、簡単に感じるかもしれない。しかし実際は二塁ランナーがスタートを切ってきた場合、ピッチャーのモーションを盗んでスタートを切っていることが多いので、アウトにすることが難しい。

　またピックオフからのけん制を投げるにしても、バッターが死角となるため、捕ってからのステップワークが必要になる。

　悪送球からの野手の後逸は、即失点につながるだけに三塁手が構えるベース上にコントロールすることがポイント。投げ急ぐあまり、腕だけで投げてしまわないよう、ステップワークを使って送球方向に足を踏み出していくことが大切だ。

　基本は後ろに足を引いてから、三塁方向に足を踏み込んで投げるスローイングだ。まずは取り組んでみよう。

Check Point!

❶すばやいステップワークから速く、正確なボールを投げる
❷後ろに引いた右足を軸にして左足を踏み込む

後ろに足を引いてから投げる

POINT 1

すばやいステップワークから 速く、正確なボールを投げる

送球はステップを踏むことで強く、速いボールを投げることができる。特に三塁への送球の場合、ランナーが大きなリードからスタートしてくるので、より速く正確なボールが必要。すばやいステップワークで送球することが求められる。

POINT 2

後ろに引いた右足を 軸にして左足を踏み込む

三塁への送球は、ピッチャーからの投球をキャッチしたら、右足を後ろに引いて、その足を軸に左足をステップしていく。そうすることでバッター(右打者の場合)の死角から離れ、三塁ベースに向けて強い送球を投げることができる。

コツ 28 一塁側にステップして送球する

バッターの体の前側から三塁ベースに送球する

右バッターが打席にいるときの三塁への送球の場合、三塁ベースに対して、バッターの体が死角となり、スローイング動作の妨げになる。

それを回避するためには、右足を後ろに引いてから送球方向に足を踏み出すのが、ステップワークの基本となる。

バッターの背中側に移動して投げるこの送球パターンは、一旦後ろにステップする

ものの、三塁ベースに対して強く踏み出し投げることができる。

一方、ピッチャーからのボールがアウトコースへの投球だったり、あらかじめスチールを読んでいたところでのウエストからの送球では、**一塁側に踏み出しバッターの前から三塁に踏み込んでいく送球が有効**。ランナーの状況や投球コースをみて、ステップする方法を判断することが大切だ。

Check Point!
❶アウトコースの投球は一塁側へステップ
❷軸足の位置に関わらず目標に対して踏み込む

バッターの前へ
すばやくステップする

POINT 1

アウトコースの投球は
一塁側へステップ

投球がアウトコースにきた場合、無理にバッターの背後にステップして投げようとすると、逆に送球動作が遅くなってしまう。このときは一塁側のバッターボックスに右足を踏み出し、その足を軸足としてバッターの体の前から三塁ベースに送球する。

POINT 2

軸足の位置に関わらず
目標に対して踏み込む

軸足のつき方や位置が変わっても、ステップする足は、必ず送球する三塁ベースに向けること。そうすることで送球ミスやコントロールの乱れを防ぐ。バッターの前後、どちらの投げ方でも強く精度の高いボールを投げることができるよう練習しよう。

97.6

防具を身につけて
プレーすることに慣れる

　ルールにより本塁でのクロスプレーが減ったとはいえ、キャッチャーはケガの多いポジションだ。投球がファウルチップして予期せぬコースに飛んできた場合は、ミットで直接捕球することは難しい。そのために身を守っているのがマスクやプロテクター、レガースなどだが、これらは合わせると３kgぐらいとなるため、キャッチャーにとってはかなり重量となる。考えようによっては、３kgの重りを背負ってプレーしていることにもなる。そのため体力がないキャッチャーは、ついつい一塁ベースへのバックアップなどを怠ってしまうのだ。

　まず、この負荷を当たり前と考え、プレーできることが大切だ。キャッチボールから身につけ、練習でランニングをするにしてもプロテクターを付けて走り、重さに慣れておく。

　また夏場の試合では、暑さ対策も必要だ。自分の打順が回ってこないときは、氷のうやコールドスプレーなどを使ってクールダウンにつとめる。暑さで集中力を欠いてしまうようでは、頭を使ったリードをすることができない。

司令塔の役割
と
チーム戦術

PART 4

コツ 29 「扇の要」として守備を統括する

キャッチャーから グラウンドを見渡し 野手に指示する

Check Point!
❶ チーム全体で取り組む 守備の基本を理解する
❷ 野手と意思疎通して ランナーをアウトにとる
❸ アウトのとり方を 想定して守備につく

レフト　センター　セカンド　ライト
サード　ショート　ファースト

判断した戦術を野手全員に伝える

キャッチャーはただ一人、グラウンドに対して体の正面を向けて守る特殊なポジション。それゆえに「扇の要」としてチームの守備を統括し、ほかの野手を導く大事な役割を担う。監督やベンチから出される特別な戦術を除いては、キャッチャーの判断のものと戦術・各野手のポジショニングが決められ、試合が行われている。

具体的な戦術は、ピッチャーの投球前のけん制球や投球後のピックオフプレー、バッターの特徴やランナーの状況をみて決める守備フォーメーション・シフトなどであり、すべてがキャッチャーの考えのもと行われる。

これらチーム守備の多岐に渡る戦術を瞬時に選択し、野手全員がしっかり理解して動けるよう指示することがキャッチャーの役割であり仕事だ。

POINT 1

チーム全体で取り組む 守備の基本を理解する

チーム全体で戦術を試しても、理解できていない野手が一人でもいれば作戦は機能しない。「チームの守備」の基本としてのバックアップやベースカバーは、全員が身につけていなければならない。キャッチャーも指示だけでなく、野手の一人として動く。

POINT 2

野手と意思疎通して ランナーをアウトにとる

ランナーのリードや相手の出方をうかがうためのピッチャーのけん制球は、キャッチャーのサインから行うことが多い。またピックオフ・プレーでは、ランナーをアウトにとるために内野手とキャッチャーの意思の疎通とコンビネーションが求められる。

POINT 3

アウトのとり方を 想定して守備につく

守備体形は、得点差やランナーの状況、バッターの打球方向などを考えて決められる。サインを出すのは当然キャッチャーであり、その体形・守備シフトでどのようにアウトをとりに行くのか、他の野手とプレーの確認をしなければならない。

プラスワン アドバイス

投球動作に入る前に ブロックサインで伝達する

選択した戦術の野手への伝達方法は、キャッチャーからのブロックサインだ。キャッチャーボックスに座ってからのブロックサインで各野手に伝える。ときには投球前に本塁ベース前に立ち、外野手のポジション位置の修正を行うなども必要。

コツ 30 キャッチャーとしての経験を 積み重ねて能力をアップする

Check Point!
1. すばやい反応と判断で確実にアウトにとる
2. 構える位置とタイミングでバッターの裏をかく
3. ピッチャーへの声かけでバッターの裏をかく

バッター攻略には
キャッチャーの経験が
生きてくる

キャッチャーとしての経験をリードに活かす

バッターとの駆け引きで勝つためは、キャッチャーとしての戦術眼や経験、プレーの熟練度が重要なポイントになる。

たとえばキャッチャーは投球直後のプレーで、自分が動くだけでなく、すばやくまわりの野手に指示を出さなければならない。大げさに言えば「瞬き」することすら一瞬の判断やプレーに遅れが出てしまうので注意が必要だ。

慣れていないキャッチャーになると、目の前でバットを振られたり、ボールがバットに当たった瞬間、目をつぶってしまいがち。打球がどこに飛んだのか見失っては、指示すらできない。

練習でバッティングキャッチャーをつとめることで、バットを振られても目を閉じない、打球方向をすぐに判別できる能力を身につけよう。

POINT 1

すばやい反応と判断で 確実にアウトにとる

一瞬の判断が遅れると、とれるばすのアウトを取りこぼしてしまう要因に。キャッチャーの小フライについても、目をしっかり開いていないとすばやく反応できない。ランナーがいる場合は、打球を見てどこの塁でアウトにとるのかすばやく指示する。

POINT 2

構える位置とタイミングで バッターの裏をかく

バッターは背後で動くキャッチャーの気配を感じながら打席に立っている。投げるコースに早めに寄ってしまうと、バッターはある程度の予測が立ってしまう。あえて内に寄ってサインを出し、投球動作に入った瞬間に外に構えるなどの工夫が必要だ。

ドーンとこい！

POINT 3

ピッチャーへの声かけで バッターの裏をかく

バッターが次の投球のコースや球種を予測しているとき、キャッチャーが「思い切ってドーンとこい！」などと、ピッチャーに声かけすれば「ストレート勝負」をイメージするだろう。裏をかいた変化球のサインでバッターをまどわすこともできる。

プラスワン アドバイス

サインから投球動作までの 間で相手を焦らす

サインを出して投球動作に入るまでの間は、ある程度バッテリーが主導権を握ることができる。抑えているときはどんどん行って良いが、単調になってバッターにタイミングがあってしまうことは避けたい。ときには間をとって相手を焦らすことも必要だ。

コツ 31 可能性の低いプレーでも手を抜かず備える

Check Point!

1. セカンド方向への打球にバックアップに入る
2. ゴロ打球後は一塁方向に走る意識を持つ
3. 野手とベースの延長にバックアップに入る

右方向への打球はバックアップに入る

予期せぬプレーに対して備える

自分が直接関与していないベースでのプレーで、予期せぬプレーに対して後ろから備えるのがバックアップだ。ランナーなしの場合やランナー1塁の状況での内野ゴロは、キャッチャーは必ず1塁への送球に対してのバックアップに向かう。

特にセカンドなど右方向への打球には、キャッチャーのバックアップが欠かせない。仮に送球ミスや捕球ミスがあってもランナーの進塁を最小限に食い止めることができるからだ。

バックアップ自体はチームの決めごとでもあるため、同様のプレーでライトもバックアップに入る。しかし、キャッチャーが自分の方向にくる可能性が低い、左方向の打球に対しても、しっかりバックアップに入ることで、ほかの選手も手を抜かず1つ1つのプレーに集中することができる。

セカンド方向への
打球にバックアップに入る

セカンドからの送球に暴投や捕球エラーがあった場合、角度的にはキャッチャー方向に飛んでくる可能性が高い。ボールがきたらすばやく捕球し、ランナーの進塁を食い止める。ランナーがベースからオーバーランしていればアウトを狙うこともできる。

ゴロ打球後は一塁方向に
走る意識を持つ

ランナーなしやランナー1塁での内野ゴロにはキャッチャーはすばやく反応して、走ってファーストに対してバックアップに入る。バッターがゴロを打った瞬間、一塁ベース方向に走り出せるよう、意識しつつ手を抜かないことが大事。

野手とベースの延長に
バックアップに入る

送球エラーや捕球ミスによって飛んでくるボールのエリアは限定できる。バックアップに入る位置は、送球する野手と一塁ベースを線で結んだ延長線上。この位置にできるだけはやく入るよう、バッターがゴロの打球を打ったらスタートを切って走り出す。

プラスワン
アドバイス
ランナー2塁や3塁では
バックアップに入らない

ランナー2塁や3塁のケースでは、キャッチャーは本塁ベースを空けることができないためバックアップに入らない。しかしピッチャーにバックアップを指示すること。また二塁へのけん制球を野手がピッチャーに戻す際などにも、万が一のミスに備えてボールの行方を確認することもキャッチャーには必要だ。

コツ 32 次のプレーを予測して ベースに入る

本塁をケアしながら
他のベースを
カバーする

空いたベースをカバーしてランナーの進塁を防ぐ

プレーが行われているベースの後方で、予期せぬプレーに備える「バックアップ」に対して、「ベースカバー」はベースに入るプレー。通常の守備位置では、関与しないベースに入ることを示す。

キャッチャーのベースカバーは、ランナー1塁からの相手チームの送りバントで、三塁手がボールを捕球した場合などだ。1塁ランナーを2塁から空いている3塁へ進塁させないために、キャッチャーが3塁ベースに入ること。仮にピッチャーがバントを捕球しても、3塁手がベースに戻れないことを想定して動き出すことが大切だ。

ランナーを複数の野手でアウトにとる挟殺プレーでも、キャッチャーは他の塁のベースカバーに入ることがある。ただし本塁を空ける場合は、ピッチャーまたはファーストが本塁に入ることを確認する。

コツ 33 けん制球を使って相手を探る

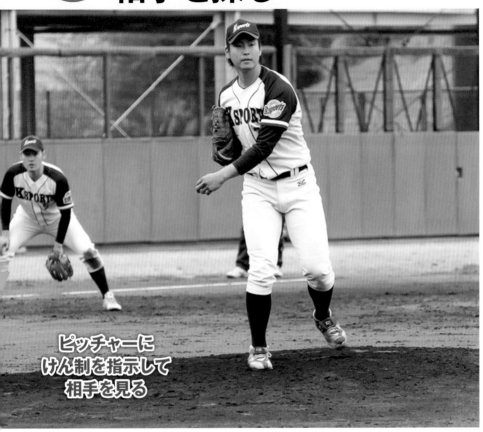

ピッチャーに
けん制を指示して
相手を見る

けん制球の間に相手をじっくり観察する

キャッチャーのサインによって行うピッチャーのけん制球は、ランナーをアウトにとることがすべてではない。

打席に入っているバッターに対して間をとったり、相手チームの攻撃の出方をうかがうために使われる。ランナーのリードが大きい場合やピッチャーがけん制技術に長けている場合を除いては、戦術的な意味合いで用いられることが多いのだ。

通常のサインは、キャッチャーからのブロックサインで伝達され、野手の「アンサー」があって成立する。ピッチャーはサインを確認してけん制に入る。

キャッチャーは「けん制」のサインを出せば、投球はこないので、マスク越しにバッターのしぐさやランナーの様子を確認することが大事。そこから次の球種・戦術を決めていく。

コツ 34 野手との連携で ランナーをアウトにとる

相手のチャンスを
つぶして
流れを変える

勝負どころのピックオフで流れを変える

ピックオフプレーはキャッチャーの指示のもと、他の野手やピッチャーとの連携でランナーをアウトにとるサインプレー。ランナー1塁から用いられるが、ピンチが拡大しそうな場面や勝負所で使うことで、一気に流れを持ってくることができる。

例えばランナー1・2塁でバントの可能性がある場面では、ファーストはバッター方向へチャージし、空いた一塁ベースにセ

カンドが入るピックオフプレーができる。ランナーはファーストが前に出たことでリードが大きくなるので、そのスキにキャッチャーからの送球でアウトにとる。

キャッチャーの送球でアウトにとるピックオフプレーの場合、ピッチャーの投球は「ボール」に外すことが鉄則だが、構えが速すぎるとランナーに分かってしまうので注意する。

コツ 35 内野4+外野3の 定位置につく

オーソドックスな 定位置で 守りにつく

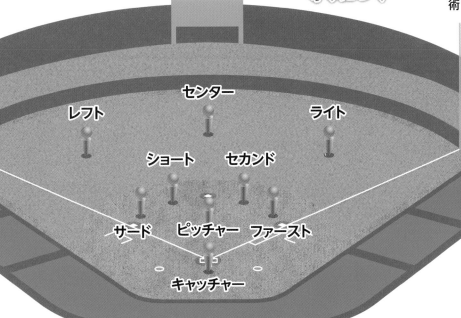

センター

レフト   ライト

ショート   セカンド

サード   ピッチャー   ファースト

キャッチャー

ランナーなしの状況では定位置で守るのがセオリー

守備位置はピッチャーマウンドとキャッチャーボックス内にいるバッテリー以外は、フェアグラウンド内ならどの位置についても構わない。しかし通常は内野手が4人、外野手が3人で構成され、それぞれがグラウンドに均等に散らばり、各塁のベースに入る野手も決まっている。

定位置を基本に天候や風、バッターの左右や力量などを考え、野手はポジショニングを微調整する。九人のなかで一人グラウンドに正対しているキャッチャーは、全体のバランスを考え、チームメイトに指示することが必要。長打からのピンチを防ぐために外野を深めにしたり、バッターの左右によって左中間や右中間を狭める指示も出す。一球ごとにポジションは変わり、ピッチャーの状態やバッターの特徴・調子なども大きく関わる。

コツ 36 定位置より前に出て ダブルプレーを狙う

**打球を前でさばいて
フォースアウトを狙う**

バッターにゴロを打たせてダブルプレーにとる

ランナー1塁または1・2塁でバントが予測されない状況では、中間守備のシフトをとり、ダブルプレーを狙う。野手は定位置より少し前に出て、内野への打球をすばやくキャッチする。各塁への送球やベースカバーをスピードアップするために、セカンドとショートは2塁ベースより立つことがポイントになる。

キャッチャーは、ダブルプレーをとるた

めにできるだけゴロを打たせる配球でバッターを攻めなければならない。投げるピッチャーも低めへの投球を心がけることが大切だ。

ファーストはランナー1塁の場合はベースにつき、投球と同時にベースを離れる。ゴロを捕球した位置がベースに近い場合は、1塁ベースを踏んで2塁送球後にタッチアウトを狙う。

コツ 37 ランナーを本塁でアウトにとる

絶対に得点をやらない守備体系で守りにつく

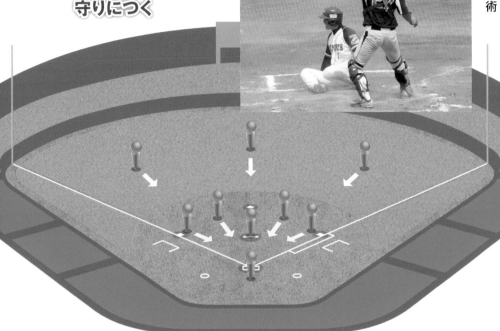

リスクをおかしても相手に得点を渡さない

　相手に一点もやれない場面で使うのが前進守備だ。内野手はできるだけゴロを前でキャッチし、三塁にいるランナーを本塁でアウトにする。キャッチャーは一球ごとにランナーの動きと反応をチェックする。

　野手が前で守ることにより、強い打球や野手の横を抜ける打球の場合は、ヒットになってしまうリスクがあるので、「**サヨナラ負け**」や試合終盤の重い失点となりそう

な場面のみで用いる。逆に一点とられることの影響が小さい場合、通常のシフトでアウトカウントを増やすことに集中する。

　外野手の前進守備は、二塁ランナーをゴロ捕球後に本塁で刺殺したり、三塁ランナーをフライ捕球後のタッチアッププレーでアウトにすることもできる。キャッチャーは外野手の肩の強さを考えてシフトする必要がある。

コツ38 バントシフトから 流れを引き寄せる

Check Point!

❶ ファーストは投球と
　同時にチャージする
❷ サードはランナーの状況に
　あわせて守備位置を変える
❸ セカンド・ショートは
　ランナーをけん制する

**相手の戦術を
バント守備で防ぐ**

ゴロを転がしにくい投球で簡単にバントさせない

　アマチュア野球の場合、ランナーを進めるバント戦術は定石といえる。守る側は相手のバントに対してアウトをとることはもちろん、送るべきランナーをアウトにとり流れをチームに引き込む守りをしたい。

　キャッチャーは、安易にバントしやすいボールを要求するのではなく、転がしにくい高いコースへの投球も織り交ぜること。

　ランナー一塁の場合は、ピッチャーの投球と同時にサードが前にダッシュして二塁でフォースアウト、またはファーストでバッターランナーを確実にアウトにとりにいくプレーが考えられる。

　ランナー二塁の場合、ピッチャーの投球と同時にファーストが前にダッシュして三塁タッチまたはフォースアウト、間に合わないときはバッターランナーを確実にとるプレーが考えられる。

POINT 1

ファーストは投球と同時にチャージする

ファーストは一塁ランナーへのけん制球がある場合はベースにつき、ピッチャーの投球開始と同時に前にチャージする。一塁方向へのバントは、ピッチャーがとれない打球はとりにいき、捕球後はキャッチャーの指示のもと塁へ送球する。

POINT 2

サードはランナーの状況にあわせて守備位置を変える

二塁封殺を狙う場合、サードは三塁ベースより前に出て守り、ピッチャーの投球開始と同時に前にチャージする。三塁方向へのバントは、できるだけサードが処理する。二塁にランナーがいる場合は、盗塁もあるので極端なシフトはとらない。

POINT 3

セカンド・ショートはランナーをけん制する

セカンドは、バッターランナーのベースカバーに遅れないようやや一塁ベース寄りに守る。ヒッティングの可能性がある場合は定位置。ショートはランナーが二塁にいる場合、ランナーに大きくリードをとられないよう、けん制しながら二塁ベースカバーへ。

プラスワン アドバイス

九人目の野手としてピッチャーもバント処理する

バントシフトにはピッチャーも「野手」として参加し、ときにはバントを処理する。ゴロを捕球したら、キャッチャーの指示通りのベースに投げる。しかし投球自体がおろそかにならないよう注意が必要。投げるタイミングと野手の動き出しを合わせることがシフト成功のポイントだ。

コツ 39 バッターの打球傾向に あわせて守る

データやキャッチャーの 配球を便りに 守備位置を決める

塁間をしめて凡打を誘う

高いレベルの野球になるとバッターの特徴や打球傾向など事前にわかる情報がある。さらにキャッチャーがリードしていくうえでバッターの反応や投球に対してタイミングあっているのかなど、投げるコースによっては打球の飛ぶコースを限定できる。

例えば引っ張りを専門とする左の強打者は、外のボールでも強引に引っ張る傾向がある。この場合は、**一・二塁間を極端にし**めて、**サードとショートはダイヤモンドの中央によるシフト**が有効。

逆に非力でパワーがなく、振り遅れているような右バッターに対しては右方向をケアすることが大事。

何も考えず同じ球を続ければ、バットの芯に当てられてしまうが「内外」「緩急」を巧みに使ったリードをすれば、狙い通りの内野ゴロにとることができる。

82

コツ 40 内野手を増やして 点を与えない

外野手を 2人にして 内野を固める

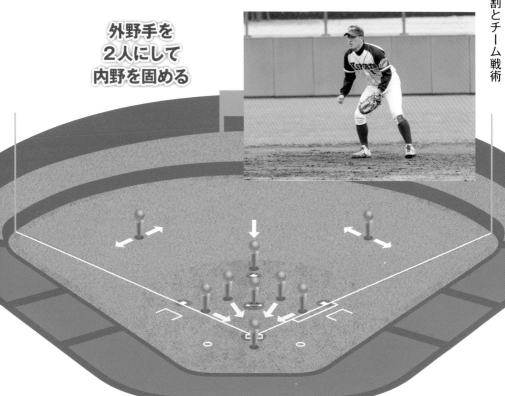

絶体絶命のピンチで使う特別な守備シフト

通常は内野手4、外野手3というのが基本のシフトだが、三塁ランナーが本塁にかえれば負けという、絶体絶命のピンチでは内野手を五人に増やすギャンブル的なシフトも考えられる。

ファーストとセカンド、サード、ショートに加え外野手がダイヤモンド内に位置して守る。外野手は二人しかいないため、タッチアップで刺せない位置まで打球が飛べばゲームセットだ。キャッチャーはできるだけゴロを打たせるような配球を考え、ピッチャーをリードしていく。

投げるピッチャーは低めへのコントロールが安定し、ボールにキレがあることが理想。バッターも非力で打球があがらないコツコツ当てにくるようなタイプに対するシフトとして有効だ。

ピンチの場面で
考え方やイメージを変える

　ランナー1・3塁での守備は難しい。一塁ランナーの盗塁に対して、キャッチャーが刺しに行けば、三塁ランナーがスタートを切る可能性がある。ピッチャーがカットして三塁ランナーをアウトにするプレーもあるが、鍛えられたチームでなければ成功は難しい。

　キャッチャーの肩と送球に自信があれば、二塁に投げることも可能だし、「偽投」を使って三塁ランナーをおびき出すこともできる。しかし点差があるなら、リスクを犯さず2・3塁の形にしてしまうことも有効だ。ここでキャッチャーは慌てないこと。マウンドでピッチャーに対し、「これで投げやすい形になったぞ」と声をかける。ピンチに対する考え方やイメージを変えることが大切だ。

　バッターに集中できることはもちろん、一塁が空くことによって最悪バッターを歩かせることもできるのだ。大抵のバッターは打ち気でくるので、少々の臭い球でもバットを出してくるので凡打にとれる。

キャッチャーの配球術

PART 5

コツ41 頭を使ったリードでピッチャーを導く

ノートにまとめて配球や戦術に生かす

Check Point!

① 相手チームのバッターを分析して対策を立てる
② 観察力を身につけてバッターのタイミングを外す
③ 点差やランナーの有無でリードを変える

データや観察力を駆使してリードする

キャッチャーはグラウンドでプレーすることはもちろん、頭の中である「インサイドベースボール」も常に意識していなければならない。

特にピッチャーの投球を導くリード面は奥が深い。コツをつかめば、バッターを思い通りの配球で打ちとることができる半面、ピッチャーの調子やメンタルの状況、相手バッターとの力関係などでも結果は違って

くるので、必ずしも正解があるとはいえないのだ。

しかし試合に勝つためには、27個のアウトを着実に重ねることが必要。相手チームの情報やバッターの特徴を頭に入れ、試合展開やランナーの有無、バッターのタイミングがあっているどうかなど、ピッチャーの状態も合わせて総合的に判断してサインを出すことが求められる。

POINT 1
相手チームのバッターを分析して対策を立てる

高いレベルの試合になると、相手チームのバッターのデータはある程度、集めることができる。また自分がマスク越しに見たバッターの特徴やイメージは、大いに活用すべき貴重な情報だ。チームとしてもキャッチャーとしてもノートにまとめて管理する。

POINT 2
観察力を身につけてバッターのタイミングを外す

ピッチャーにサインを出すキャッチャーの観察力がカギ。バッターの狙いを読み、いかに相手にタイミングが合うボールを投げないかが大切だ。スイングを見て効果的な球種やコースが何なのか、ピッチャーの持ち球とあわせてサインを決める。

POINT 3
点差やランナーの有無でリードを変える

点差やランナーの状況を頭に入れてリードすることも大事。点差がある場合は大胆にバッターを攻め、ランナーを背負った状況では、打ち気のバッターをそらすなど工夫しながらリードする。試合展開や天候などによっては、投球のテンポも考える。

プラスワン アドバイス
キャッチャーのサインでチームが動く

ピッチャーへのサインはキャッチャーが出すのが基本。経験の浅いキャッチャーに対しては、守備シフトや配球についてベンチからサインが出されることがある。しかし投球を受けるキャッチャーがサインの意図を理解していなければ戦術は成り立たないと理解しよう。

コツ42 出すサインに意図を持ってピッチャーをリードする

Check Point!
❶データを参考にしつつ
　観察眼も取り入れる
❷ピッチャーの特徴を生かし
　長いイニングを投げさせる
❸打撃内容を次打席の
　リードの材料とする

根拠を持って
リードのサインを出す

データを活かしつつ、自分で見た情報も取り入れる

　経験のないキャッチャーなら大事な場面で、ベンチからのサインを仰ぐこともできる。しかしキャッチャー自身の成長を考えるなら、自分で配球を考えリードすることが大事。事前にバッターの特徴や打球傾向を頭に入れて試合にのぞむ。実際の試合に入ったら、相手バッターの対応を見ながら、情報をアップデートしていく。

　試合では控えの選手やマネージャーがス

コアブックをつけて試合を記録している。相手の攻撃が一巡し、二打席目に入るときは、前打席の「入り（初球）のボール」や「打席結果（何を打ったか）」などを把握した上でリードに向かう。最初の打席で抑えているなら同じパターンで入っても良いし、その逆の配球で攻めても有効。結果に関わらずキャッチャーがどんな意図を持ってサインを出せるかが大切だ。

POINT 1 データを参考にしつつ 観察眼も取り入れる

プロ野球や強豪校では、事前に対戦相手の
バッターのデータを収集している。そのデー
タに基づき、配球することが基本となる
が、このデータ全てに溺れてはいけない。
試合中のバッターの反応やキャッチャーの
観察眼もリードにおいて重要な要素になる。

POINT 2 ピッチャーの特徴を生かし 長いイニングを投げさせる

キャッチャーは、ピッチャーの良いところ
を引き出すことが大事。ストレートが良け
れば、それを効果的に使いつつ、変化球も
上手に織り交ぜて投球イニングを伸ばして
いく。単調なリードでは長いイニングは投
げられない。

POINT 3 打撃内容を次打席の リードの材料とする

どんな形でもアウトをとれれば、リードは正
解と言われるが、打席内容も気にしなけれ
ばならない。バッターが全くタイミングが
合っていなかったのか、ジャストミートの打
球がたまたま野手の正面をついたのかでは、
同じワンアウトでも違うからだ。

プラスワンアドバイス 「緩急」を上手に使いわけて バッターのタイミングを狂わす

投げる球種、コースがなくても慌ててはい
けない。緩急にはボールのスピード緩急に
加え、フォームの緩急でもバッターのタイ
ミングを狂わすことができる。通常のフォー
ムからの投球に加え、セットポジション、
クイック投法などを使い分ける。

コツ 43 打者心理を読んで ベストなサインを出す

Check Point!
① 積極的に振ってくる 場面は相手をかわす
② バッターが見てくるときは ストライク先行で攻める
③ 追い込まれたバッターに 粘り負けしない

バッター心理を読んで 相手の裏をかく

効果的な配球でピッチャーをリードする

バッターとの勝負は一球で終わることもあれば、フルカウントまで行って、そこから何球もファウルで粘られることもある。

キャッチャーは常に、カウントによって変化する打者心理を考えながらサインを出していくことが大事。カウント0‐0の入り方はもちろん、ストライクが先行してバッターを追い込んだ場面、ボールが先行した場面でどうしてもストライクが欲しい場面など、状況に応じたベストのボールを選択していく。

例えば初球であっても、バッターが高い確率で振ってくる場合と、しっかりボールを見てくる場合がある。相手ベンチの思惑を考え、攻撃側の心理を逆手にとることも効果的な配球だ。試合の流れを見極めて、ピッチャーの能力を最大限に引き出せるリードを目指そう。

POINT 1
積極的に振ってくる 場面は相手をかわす

ファーボールでランナーを出した後の初球は要注意。ストライク先行を読んで初球から甘いボールを狙ってくる。そのようなときは、落ちるボールやスライダー、カットボール系の変化球でバッターの打ち損じを狙う。

POINT 2
バッターが見てくるときは ストライク先行で攻める

逆に先頭バッターが初球を簡単に打って凡打した場合は、次のバッターは初球からスイングしにくい。じっくり見てくる傾向がある。そんなときは、どんどんストライクをとってく。少々甘くなってもバッターは振ってこない。

POINT 3
追い込まれたバッターに 粘り負けしない

バッターによっては追い込まれると、バスター気味に構えたり、バットを短く持ってとにかくバットにボールを当てにくる。バッテリーとしては、ファウルで粘られたり、3-2まで行ってしまうことは避けたいところ。決め球をどこに配球するかがポイントだ。

プラスワン アドバイス
バットの出にくい コースをついて打ちとる

バスターの構えをしたり、バットを短く持つバッターは長打の確率はそこまで高くない。思い切って内をついてバットの出にくいところを狙う。ランナーがいるときは、ランナースタートに対してベースカバーの逆をつくような打球に注意が必要。

コツ44 外側のボールを リードの軸にする

配球例	
1球目	アウトコース低めのストレート
2球目	アウトコース低めへの変化球
3球目	高めボール気味の釣り球
4球目	アウトコース低めのストレート
結果	ストレートをひっかけて内野ゴロ

カウント例

B ●●●
S ●○○
0 ○○

高めの釣り球で目線をあげ、アウトコース低めのストレートを決め球に。カウント有利ならボールになる変化球も有効。

データや観察力を駆使してリードする

先発や交代したばかりのピッチャーは、どうしても硬くなりコントロールもアバウトになりがちだ。いくらブルペンや投球練習ですばらしいボールがきていても、実際にバッターに対しては違うもの。コンディションや調子に関わらずオーソドックスなリードが必要だ。

先発ピッチャーの立ちあがりでは、まず、ピッチャーがもっとも自信を持っているボ

ールを中心に組み立てることが大事。ピッチャーの投球は「アウトコース低め」が、基本となるので、バッターの外側中心の配球になる。

初球から振ってくようなバッターには、多少のリスクはあるが、投げにくいインコースに立ちあがりで投げさせる方が、ピッチャーのメンタルに影響を及ぼす可能性もある。

コツ45 バッターのステップを観察する

配球例

1球目	ボールになる遅い変化球
2球目	アウトコース低めへ ストレート
3球目	インコース・内角ギリギリの ストライク
4球目	アウトコース低めへの ボールになる変化球
5球目	アウトコース低めへの ストライク
結果	ストレートを打ち上げて 内野フライ

カウント例

B ●●●

S ○○●

O ○○●

インコースの懐をつく場合は厳しいコースへ。バッターの読みがわからない場合は、ストライクとボールをうまく投げ分けて凡打を誘う。

ストライクとボールの出し入れや緩急を駆使する

　データがないバッターへの対策は、まさにキャッチャーの観察力がカギを握る。1球目はあえてボールから入り、相手バッターのタイミングのとり方やステップする方向をチェックする。

　ボールになる遅い変化球で様子を見ることも有効。踏み込んでくるようなバッターにはアウトコースを警戒する。逆に開いてステップするようなバッターには、外の変

化球が遠く感じるはずだ。

　まっすぐ踏み込んでくるスクエアスタンスのバッターには、ストライク・ボールの出し入れや緩急をつけて、タイミングがあっているかどうかで次のボールを決めていく。ストレートに対し、明らかに遅れているようなバッターに裏をかくつもりで変化球を投げるようなリードは必要ない。

93

コツ46 ボールから入り バッターの打ち気を誘う

配球例	
1球目	高めボールになるストレート
2球目	アウトコース低めへの ボールになる変化球
3球目	アウトコース低めへの ボールになる変化球
4球目	インコースへの ボールになるストレート
5球目	アウトコース低めへの ボールになる変化球
結果	ボールになる変化球をすくって 浅い外野フライ

カウント例

B ●●●●
S ○○●
O ●●●

初球のストレートにタイミングを合わせているようなら、遅い変化球を外角のボールのコースに集める。ファウルを巧みに打たせカウントを稼ぐリードが有効。

ストライクからボールの変化球で相手に「打たせる」

強打者には初球から打ってくるタイプとじっくり球種を見極めて、狙い球を絞ってくるタイプがいる。アマチュアの場合はほとんどが前者のタイプで、チャンスになればなるほど「自分で決めたい」という気持ちでバッターボックスに入ってくる。

そのようなバッターにストライクやくさいコースは禁物。はっきりしたボールから入って相手の出方をうかがい、その反応を

みて次の球種やコースを選択する。速い球を待っているようなら遅い変化球でカウントを稼ぎ、広角に打ち分けてくるようなバッターなら思い切って内角をつく。

仮にカウントで追い込むことができなくても、変化球は外のストライクからボールとなるようなコースにコントロールさせてファウルを打たせたり、打ち気のバッターに対する心理をうまく使って凡打にしとめる。

コツ
47
目線を変えて
力勝負に挑む

配球例	
1球目	アウトコースギリギリの ストレート
2球目	アウトコース低めへの変化球
3球目	インコース内角ギリギリの ストレート
4球目	アウトコース低めへの ボールになる変化球
5球目	真ん中高めの速いストレート
結果	結果:高めの釣り球に詰まって 内野フライ

カウント例

B ●●●●
S ○●●
0 ●●

速いボールでの力勝負は、「当てにきている」というバッターへの配球だ。遅いボールの直後に使うと効果的。一発長打のあるバッターに対しては「好球」となってしまう注意。

当ててくるバッターには球の威力で抑えにかかる

打線のなかでバッターには、それぞれ役割がある。バットに当てるのがうまい巧打者やくさいボールをカットしてくる足の速い打者などは、ピッチャーにはやっかいな相手。1試合を一人で投げ切るようなチームのピッチャーは、**できるだけ球数を減らすことがポイントだけに、粘るバッターに対しての打ちとり方をイメージしておきたいところだ。**

効果的なのが高めの速いボールだ。コツコツ当ててくるバッターは、ストライクかボールか見極めが難しい、くさいコースのボールをカットしたり、タイミングの合わない変化球はファウルで逃げてくる。際どいコースを狙うのでなく、真ん中高めに速いボールを投げることで、相手のプランを逆手にとることができる。

コツ48 四球を恐れず コースを狙う

配球例

1球目	アウトコースへのストレート
2球目	アウトコース低めへの ボールになる変化球
3球目	インコース内角へのボール
4球目	アウトコース低めへ ストライクの変化球
5球目	アウトコースギリギリの ボールになるストレート
6球目	真ん中低めから落ちる変化球
結果	カウント3-2からボールになる 変化球を空振りして三振

カウント例

B ●●●○
S ○○○
O ●●

決め球・勝負球となるようなカウントでは、ピッチャーが自信のあるボールを選ぶことが大事。タイムをかけて間をとり、ピッチャーに投げたいボールを聞いておく。

強気のリードでピンチを脱する

満塁でベースが埋まっている場合、チームとしては、得点に直結する押し出しのフォアボールを出したくないもの。自然、キャッチャーのリードや構えも甘くなり、ピッチャーはついついボールを置きにいってしまう。仮に長打になれば最大四点を失うことになるが、フォアボールならたった一点だけだと理解することが大切。

ピッチャーに対しても「フォアボールを出すな」ではなく、「しっかりコースを狙ってこい」という強気のリートがピンチ脱出のカギとなる。

バッター心理を考えると、コントロールが乱れているピッチャーの場合や打力に自信がないバッター以外は、投球に対して「待て」ではなく、打ち気にはやっていることが想像できる。強打者の場合、なおさら自分で決めたいと思っているに違いない。

コツ 49 厳しいコースを使ってバットを振らせない

配球例	
1球目	アウトコース低めへの ボールになるストレート
2球目	アウトコース低めへの 遅いストライクの変化球
3球目	アウトコースギリギリの ボールになるストレート
4球目	アウトコース低めストライクから ボールになる変化球
5球目	厳しいコース、 懐へのストレート
結果	インコースに詰まって 力のないポップフライ

カウント例

B ● ● ●
S ● ○ ○
O ● ●

決め球となるインコースへの投球は厳しく、「当たってもしかたない」くらいの気持ちで投げる。伏線となる外へ遅い変化球をみせ球に使うことでバッターの裏をかく。

厳しいコースを攻めてバッターにスイングさせない

アマチュア野球では一人のピッチャーが投げ切ることが多い。しかし回を重ねるごとにピッチャーの握力や体力は落ち、ボールのキレやスピードは落ちてくる。対するバッターも徐々にタイミングがあってくるので、キャッチャーとしてはさらに繊細なリードが必要になる。**バッターの特徴やピッチャーの球種、前の打席での配球など相手の狙い球が何かをイメージする。**

スピードが速いタイプのピッチャーのストレートが落ちてきたなら、遅い変化球を巧みに織り交ぜたり、変化球のキレで勝負するタイプのピッチャーの変化球が曲がらなくなってきたら、大胆にストレートを使うことが大事。

もともと球威のないピッチャーは、ストレートの勢いだけで押すことはできないので、厳しくインコースを攻めることが有効。

コツ 50 タイミングが合って いなければ徹底して攻める

配球例	
1球目	アウトコース低めへの ストレート
2球目	アウトコース低めへ ボールになる変化球
3球目	インコースへ力のある ストレート
結果	インコースに詰まって内野ゴロ

カウント例

B ●●●○
S ○○○
O ●●●

ストレートに対してのバッターのスイングやファウルの打球方向をみて、タイミングが合っているかどうか確認する。振り遅れているようならばインコースで勝負する。

厳しいコースを攻めてバッターにスイングさせない

打線の組み方として、一・二番は足の速いバッターが機動力を使い、クリーンナップで返すというのがオーソドックスな形。

六番以降はやや力が落ちるバッターが並ぶものの、ピッチャーのボールにタイミングがあっているかどうかで、キャッチャーのリードは変わってくる。基本的に長打力がなく、タイミングの合っていないバッターに対しては、ストレート中心の配球でイ

ンコースの厳しいボールで攻めること。ただし、小柄な選手でもインコースを得意とするバッターがいるので注意。

ストレートに遅れているバッターに対して、変化球を投げて痛打されることがあるが、これはキャッチャーのリードとして観察不足といえる。球種を織り交ぜることばかりに意識がいき、肝心のバッターのスイングを見ていない。

コツ **51** ボール球を使って相手を探る

配球例

1球目	真ん中低めのボールになるストレート
2球目	アウトコース低めへの変化球
3球目	インコースの厳しいコースへストレート
4球目	アウトコースへの遅い変化球
5球目	真ん中低めのボールになる落ちる変化球
結果	空振り三振

カウント例

B ●●●●
S ○○○
O ●●●

初球から簡単にストライクをとりにいかない。狙っている球種を探るためにも真ん中低めのストレートで様子をみる。決め球は同様のコースでストライクからボールになる落ちる変化球が理想。

初球はボールから入りバッターの狙いを探る

打線の軸を担うクリーンナップには、繊細なリードで対峙しなければならない。加えて、その日でタイミングがあっているバッターに対しても同様に注意が必要だ。

相手の狙い球を探るためにも、一球目は低めのボールになるストレートで様子を見る。

バッターのタイミングのとり方や構えからどんな球種を待っているのか判断する。

下位打線であっても、真後ろに飛ぶようなタイミングが合っているファウルを打っていたり、アウトとはいえ野手の正面や外野まで強い打球を放っているバッターに対しても、ボールを置きに行ってはならない。

試合展開や点差、アウトカウントによっては下位バッターでも塁が空いていれば歩かせるくらいのイメージでリードする。

コツ52 高めの釣り球で低めを生かす

配球例	
1球目	アウトコース低めへのストレート
2球目	アウトコース低めへの変化球
3球目	アウトコースへの緩い変化球
4球目	インコース高めへのボールなる釣り球
5球目	真ん中低めのボールになる落ちる変化球
結果	空振り三振

カウント例

B ●●●○
S ○○○
O ●●○

釣り球は、中途半端な高さに投げない。キャッチャーは最初から中腰になって、要求する高さにミットを構える。決め球は甘くならないよう腕をしっかり振って、ボールを落とす。

高めにボール球を投じてバッターの目線をあげる

低めへの配球は、ピッチャーの投球の基本で長打を防ぐためにも有効だ。しかし球威がそれほどでもないピッチャーの場合は、いかに低めにコントロールしてもボール球はじっくり見極められ、ストライクゾーンは痛打を浴びてしまうこともある。

キャッチャーのリードでは、ときに高めのボール球を使うことも有効になる。キャッチャーは中腰になって構え、バッターの

バットが出にくい高さに、速いストレートをコントロールする。そうすることでバッターの目線を一度あげ、次の低めへの配球を際立たせることがポイントだ。

低めに投げる球は、ストレートだけでなく変化球も効果的。ストライクゾーンからボールゾーンに落ちてるフォークボールやスライダーなど、キレのあるボールでバットを空に切らせる。

コツ 53 遅いボールでタイミングを狂わす

配球例	
1球目	アウトコース低めへの遅い変化球
2球目	アウトコース低めへのストレート
3球目	アウトコースへのボールになる変化球
4球目	アウトコースギリギリのキレのあるストレート
結果	見逃しの三振

カウント例

B ● ● ●
S ● ○ ○
O ○ ○

初球に遅い変化球をみせることで、バッターに二球目以降の配球を考えさせる。カウントが有利なら変化球をボールにして見せ球にし、決め球のストレートではバットを振らせない。

遅い変化球を使ってスピード落差で打ちとる

　ストレートが常時150km/hを超えるピッチャーならある程度は、力で抑えることもできるが一本調子の投球では、いつか相手打線につかまってしまう。特に速いボールに強いバッターは、ストレートに狙い球を絞ってくるので注意が必要だ。

　ピッチャーの持ち球に100km/h前後のカーブやチェンジアップがある場合、積極的に使ってカウントを稼ぐ方法もある。スト

レートがMAX130km/hでも変化球とのスピードの落差は約30km/hあり、バッターはタイミングを合わせることが難しい。

　特に初球を遅いボールから入ることで、打ち気にはやるバッターのタイミングを狂わせ、二球目以降の配球の読みを惑わすこともできる。遅いボールを投げることは、ピッチャーとしては勇気がいるが、キャッチャーの配球によって導くことができる。

コツ 54 得点差やイニング、ランナーの状況を考える

確実に1つの
アウトをとる

例▶ランナー2塁
ツーアウト

ランナーをケアしながらバッターと勝負

バッターとの勝負とは別にキャッチャーは、出塁しているランナーもケアしなければならない。カウントによっては、走ってくるケースもあるだけに常に塁上にいるランナーを警戒することが大事。また点差やアウトカウントによっては、打席に立つバッターを歩かせ、次打者との勝負の方が確率が高いこともある。

例えばランナー二塁、バッターが下位に

いく場面なら、歩かせて塁をつめる方が守りやすい。ただしコントロールが安定しているピッチャーであること、次のバッターを高い確率で打ちとれる根拠があることが大事。キャッチヤーは先の先まで考える。過去の対戦成績や相性、試合でのスイングを見てキャッチャーが冷静な判断をすることが大切だ。

コツ 55 バントやスチールを 警戒してリードする

ランナーを警戒しながら
リードする

例▶ランナー1塁
ノーアウト

ランナーが動いてくるタイミングをチェック

　相手ベンチが動いてくる状況としては、足の速い選手が出塁したときやランナーを進めるための送りバントの場面。カウントが平行な1-1、2-2などが仕掛けやすい。

　ストライクをとってランナーアウトにすることが理想だが、バッターがランナーを助けるためにスイングしたり、捕ってからすぐに投げられる位置で捕球できるとは限らない。点差や状況によっては、バントを

させて確実にアウトをとりにいく。

　どうしてもランナーを進めさせたくない場合は、バッターに対しても厳しく攻める。バットの出にくいインコースの高めやアウトコースの変化球を織り交ぜてバントミスを誘う。このときランナーもしっかり牽制しておくことが大事。牽制球を入れたり、ボールを長く持ったり、投球もクイックモーションで投げるなど工夫する。

103

コツ 56 相手の動きを察知して ピンチを回避する

バッターの打球方向を
読んだリードをする

例▶ランナー1塁
ワンアウト

相手の狙いを逆手にとって配球する

ランナーがいる状況では、スチールやバント以外でも相手ベンチが動いてくる可能性がある。それが「ヒットエンドラン」と「ランエンドヒット」。前者はバッターが投球を打つことが前提であり、後者はランナーのスタート後に好球がきたときバッターがヒッティングするというもの。

一塁ランナーがいる場合は、一塁手はファーストベースに寄って、ランナーのリードをできるだけ小さくする。そのため大きく空いた一・二塁間を攻撃側が狙ってくることも考えなければならない。右バッターなら右方向への流し打ち、左バッターなら引っ張って打球を転がすことで、自分がアウトになっても進塁打となるからだ。

右バッターなら流し打てないようなインコース、左バッターなら引っ張れない外のボールを有効に配球することも意識する。

コツ57 先を見越したリードでピンチを脱する

できるだけ失点を
抑えてチェンジする

例▶ランナー1・2塁
ノーアウト

ピンチでの開き直りが大事

一二塁の状況は、塁がつまっている分、守りやすいがピンチであることは間違いない。**ノーアウトやワンアウトならダブルプレー狙いが考えられる。ツーアウトならバッター勝負に徹することが大切だ。**

現行の野球ルールでは延長になると「タイブレーク」というランナー一二塁の状況からイニングがスタートする。打順の巡り、先攻めか後攻めかによっても攻め方や守り方は変わってくるが、打力の低いバッターならバントを警戒。簡単にバントさせるのではなく、バントシフトをひいて三塁フォースアウトを狙っても良いだろう。

送りバントを決められてしまい、ワンアウトランナー二塁三塁なら、バッターの打力次第ではスクイズを警戒したり、ヒッティングしてくるなら満塁まで行ってもOKという気持ちで徹底的にバッターと対峙する。

コツ58 守りにくい一三塁は慌てずに対応する

ランナーを誘い出してアウトにとる

例 ▶ ランナー1・3塁
ワンアウト

キャッチャーの送球からランナーをアウトにする

ワンアウト一三塁やツーアウト一三塁は、攻撃側のあらゆる仕掛けが考えられる場面。ワンアウトならゲッツー狙い、ツーアウトならバッター集中の場面だが、状況によってはランナーがスチールで動いてくる。キャッチャーは、ここで慌てることなく用意したプレーで対応する。

一塁ランナーをアウトにするために二塁へ送球した瞬間、三塁ランナーが本塁を狙うこともある。これを先読みして二塁送球を偽投したり、実際に低いボールを二塁方向に投げ、それをピッチャーがカットして三塁ランナーをアウトにするプレーもある。

逆に一塁ランナーのスタートに対してキャッチャーが慌ててしまうと、送球がそれてしまったり三塁ランナーにホームを盗られてしまう。次にどんなプレーが予測されるのか考えながらリードする。

コツ 59 バッテリー間の信頼でバッターを抑える

強気のリードで
バッターと勝負する

例▶ ランナー3塁
ワンアウト

バッターが振ってくれるゾーンにボールを落とす

　ランナー三塁は、ヒットが出なくても外野フライやワイルドピッチ、パスボールなどで失点になっしまう。そのためバッテリーは落ちるボールや低めへの配球には細心の注意をしなければならない。

　バッター側からすると2-2や3-2であってもカウント的に追い込まれた場合は、見逃し三振を避けため、ある程度のボール球でもバットを振ってしまう傾向がある。

　配球的には、そこに付け入る隙があるが、**キャッチャーのキャッチング能力がとても重要になり、ピッチャーからの信頼がなければバッターが振ってくれるゾーンに投球できない。**

「どんなボールでも体で止めるぞ」「バッターは必ず振ってくるからストライクはいらない」など、というキャッチャーのリーダーシップが試される場面といえる。

コツ 60 指の形で球種を伝える

的確なサインでピッチャーに球種を伝える

テンポよくサインを送り自分たちのペースで進める

キャッチャーがピッチャーをリードする際は、投球前にサインを出して球種やコースをピッチャー伝える。サインはキャッチャーが腰を落として構えた股の間で、指の本数や形によって球種を決めるのがオーソドックスな方法だ。

指の形が相手ベンチやコーチャー、ランナーに見えてしまうと、投げる球種がわかってしまうことがあるので、キャッチャーは股の間でサインを出しつつも、ミットを使ってさらに見えないようガードする。

またサインを出すときは、バッターを打ち取るシナリオを思い描くことも大切。サイン交換に必要以上に時間がかかれば、ピッチャーの投球リズムが悪くなる。逆にテンポよくサインが決まれば、バッターは球種を読むこともままならず、打席でバットを構えるのに遅れてしまうこともある。

コツ61 ピッチャーに首を振らせる

サインを出して
ピッチャーに
首を振らせる

首を振らせることでバッターの待ち球を迷わせる

投球前のサインでは、キャッチャーのシグナルに対してピッチャーが「アンサー（同意）」したところから投球動作に入る。勝負どころの決め球には、自信のあるボールを投げたいというのがピッチャーの基本的な考え方だ。球が速いピッチャーならストレート、変化球にキレがあるピッチャーならスライダーやフォークボールを決め球にする傾向がある。

当然バッターとしてもピッチャーの持ち球や、前打席での配球も頭に入れて打席に立っている。キャッチャーの配球に工夫がなかったり、同じ球種を続けているような状況では、バッターに狙いを絞られてしまう。

キャッチャーはピッチャーに対して、出すサインに一度首を振らせて、同じ球種をあえて選択することで、バッターに考えさせて読みを外したり、惑わすことができる。

コツ 62 ピッチャーの特徴を考えてリードする

バッテリーの力で
バッターをおさえる

マスク越しにピッチャーの調子を把握する

「ピッチャーを育てるのはキャッチャー」である。キャッチャーはピッチャーの持ち球や特徴、メンタル面まで把握したうえでリードすることが求められる。

例えば球が速いがコントロールがアバウトなピッチャーに対しては、コースギリギリのボールを要求するのでなく、ボールの勢いで相手を抑えるリードが有効だ。逆に球威がなくても、コントロールの精度が高

いピッチャーは、ボールを出し入れしたり、変化球を織り交ぜた配球でリードしていく。

どちらにしてもピッチャーの特徴にあわせたリードを柱にし、配球を組み立てることが大事。試合当日のブルペンや投球練習での調子、回を重ねていく過程でのコンディションなどもピッチャーによって変わってくるので、マスク越しにしっかり観察しなければならない。

POINT 1

ピッチャーの武器を
キャッチャーが理解する

ピッチャーといってもタイプはさまざま。速いストレートで押す速球派をはじめ、変化球のキレで勝負したり、変則フォームでバッターのタイミングを外す技巧派など、バッターを抑える武器が何なのか、受けるキャッチャーが理解しておくことが大切だ。

POINT 2

バッターの特徴をみて
配球を組み立てる

バッターとの相性や力関係、タイミングがあっているかどうか把握したうえで配球を組み立てる。速いボールに強いバッターに対して、ピッチャーが力勝負ばかりしていては痛打を浴びる。ときにはボールの出し入れや遅いボールをみせることを心がける。

POINT 3

一試合をトータルで
考えて配球する

ピッチャーは長いイニングを投げるとき、どうしても中盤で「中だるみ」という状況になり、球威が落ちてしまう。あえて序盤では緩急を隠し、中盤は緩急を使った配球を駆使。終盤はストレートで押し切るような一試合を通しての配球が考えられる。

プラスワンアドバイス ピッチャーの性格にあった
声掛けでピンチを脱する

優れたピッチャーであってもピンチでメンタルが動揺していては、コントロールすらままならない。キャッチャーは日頃からピッチャーとコミュニケーションを重ね、どのような性格の持ち主か、ピンチの場面ではどんな声掛けが有効か理解しておく。

コツ 63 ブルペンと試合での調子を見極める

投球練習で
ピッチャーの調子を
チェックする

Check Point!
❶ キャッチャーの試合前の
準備方法は2つある
❷ ときには叱咤激励で
ピッチャーを鼓舞する
❸ 日頃の練習から
ピッチャーの球を受ける

チーム全体の守備にも意識を置いてリードする

「ブルペンの調子ほど信用できない」という。試合当日のケガやコンディション不足はしかたないにしても、ブルペンで調子が良かったはずのピッチャーが、試合でマウンドにあがると別人になってしまう。

その点をキャッチャーは理解して、事前に準備しておくことがポイント。日頃の練習からピッチャーの傾向を知り、調子が悪かった場合の対策法を考えておく。

またチーム全体の守備の意識にも気を配る必要がある。野手にエラーがあるときは、その選手のミスだけでなく「バッテリーの間合いが長い」「ピッチャーのコントロールが悪い」など伏線となる理由がある。

キャッチャーは、テンポを意識してサイン出し、ピッチャーに返すボールにもキビキビとした動きをして、スピィーデーな試合進行を意識することたが大切だ。

POINT 1

キャッチャーの試合前の 準備方法は2つある

ゲーム前ノックに入らないでブルペンで先発ピッチャーのボールを捕るパターンと、チームの扇の要として試合前のノックに入るパターン。前者の場合はブルペンの専門の捕手がボールを受け、球質と回転をみてレギュラーキャッチャーに伝える。

POINT 2

ときには叱咤激励で ピッチャーを鼓舞する

マウンド上のピッチャーは孤独だ。極力キャッチャーはコミュニケーションをとって、うまく行っても配球や投球結果について、ベンチで意思疎通する。ときにはピンチの場面でタイムをとり、叱咤激励してピッチャーに気持ちにスイッチを入れに行く。

POINT 3

日頃の練習から ピッチャーの球を受ける

日頃からピッチャーのブルペンの様子と実戦投球での違いを把握しておくこと。ピッチャーが練習でバッティングピッチャーに入ったら、正キャッチャーがボールを受けて調子の違いをつかむことも大事。試合に入ってからでは何も対処できない。

プラスワンアドバイス

ひと呼吸をおいて バッターとの間をとる

配球面で「ここだ！」という場面では、ひと呼吸おくこともポイント。これが好結果を導く。バッターのタイミングがあっていると感じたら、けん制球を入れたり、ボールをふいてからピッチャーに返球したり、重要な場面ではタイムをかけて間をとる。

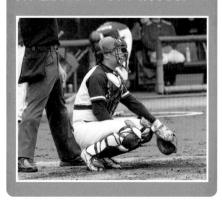

試合展開を考えて リードする

強風の試合では
風向きを
チェックする

チームが有利な状況からスピーディーに試合を進める

　天候によっては雨中で行われるゲームがある。いつ試合がストップするかわからない状況だけに、チームがリードしているときは試合をスピーディーに進めるリードを心がける。ストライクを先行し、バッターをどんどん追い込んでいくことがポイント。かといってボールを置きに行ったり、単調な投球にならないよう気をつける。

　また風が強い試合では、ピッチャーが投じる変化球にも微妙な影響を及ぼす。**ホーム方向に風が吹いていれば、いつも以上の球速が出たり、センター方向に風が吹けば変化球が思ったよりも曲がることもある。**

　キャッチャーは、自分の感覚や風向きをみながら、リードすることを心がける。普段よりも繊細な配球を心がけ、ストレートで押すなら大胆に、変化球で勝負するならボール球にするなど配慮が必要だ。

キャッチャー
の
トレーニング

PART **6**

コツ65 股関節まわりの筋肉を鍛える

❶フットワークを高め
　速く・正確に投げる
❷股関節や体幹の筋肉を鍛え
　強さ・柔軟性をアップする
❸「捕る、投げる」技術を
　ボールを使って磨く

キャッチャーとして
上達するための
練習方法を知る

基礎練習を繰り返してキャッチャーとして上達する

キャッチャーは他の野手と違ってマスクやプロテクターを装着してプレーする。キャッチャーボックス内で腰を落とし、「そんきょ」の姿勢からのキャッチングやフットワーク、スローイングなどの動作を行う特種なポジションだ。

そのため腰を落とした状態からでも、スムーズに動くために股関節まわりの筋肉の柔軟性や強さが求められる。

まずは投球に対しての反射動作や送球に入るためのフットワークを高めるために、下半身の筋力アップをはかることが大切。そのうえで捕球技術や送球技術も同時にレベルアップしていく。

練習後はストレッチなどのケアも大事。派手さはなくても、しっかりした基礎の反復が、キャッチャーとしての実力を伸ばすことを理解しよう。

POINT 1 フットワークを高め 速く・正確に投げる

フットワークは、捕球から送球までの動作をすばやく、正確に行うために大事な要素だ。そんきょの姿勢からすばやくステップするには、股関節の筋肉の強さも必要。捕球からステップへの動作を繰り返し、スムーズに動けるよう練習する。

POINT 2 股関節や体幹の筋肉を鍛え 強さ・柔軟性をアップする

下半身の筋肉の強さが、動作の土台となって大きなパワーを生み出す。とくに股関節や体幹の筋肉は、キャッチャーの動作のコアとなる部分。キャッチング動作をしながら、それらの筋肉に働きかけ、強く・柔軟性のある筋肉をつくることが大切だ。

POINT 3 「捕る、投げる」技術を ボールを使って磨く

実際のボールを使う練習もスキルアップには欠かせない。キャッチャー個人としの技術をアップするための練習と、ほかの野手と連携して行うチームの守備力アップに関連する練習がある。シートノックなど実戦的な練習は、試合前の練習でも行われる。

 体をケアして パフォーマンスを維持する

ハードな練習後は、ストレッチやクールダウンでの筋肉に対するケアが必要だ。疲れが残った状態では、次の日のパフォーマンスが落ち、ケガをする可能性もある。特にキャッチャーは腰を落とした姿勢を維持しなければならないので、ほかの野手以上にケアが大切。

コツ 66 良い音でボールを捕球する

ピッチャーの
生きたボールを
受ける

ブルペンで生きた投球を受ける

　ブルペンのピッチャーの投球を受けるのは、ピッチャーメインの練習だが、キャッチャーの捕球の練習にもなる。要求するコースで構え、全力投球のボールがきたら、ミットが流れないようきっちり捕球する。このときのミット音も大事。ピッチャーが気持ちよく投球を続けられるよう「パーン」という音が鳴るよう捕球面でボールをキャッチできるよう心がけよう。

 **ブルペンで投球を受け
ピッチャーの調子を把握**

　ブルペンでの投球練習は、ピッチャーの調子を把握する貴重な機会だ。練習か試合前かでも、ピッチャーの状態は大きく変わるので積極的にボールを受け、ピッチャーのその日のコンディションを把握する。

コツ **67** ミットと体を使って ボールを止める

ショートバウンドを 繰り返し止める

相手にショートバウンドを投げてもらう

　練習相手に3〜5メートルぐらい離れたところから、ベース付近でショートバウンドになるボールを投げてもらう。このボールに対して、ミットと体を使ってすばやく捕球体勢に入る。投げる方は、正面だけでなくアウトコースやインコースなどランダムに投げ分ける。これに対してフットワークを使って下半身から反応できるよう、繰り返し練習する。

プラスワン アドバイス 体をやや内側に向けて ボールをベース周辺に落とす

　ショートバウンドするボールに対して、体とミットで壁をつくり止めることが大事。左右にそれたボールに対しては体をやや内側に向け、捕球できなくても体でボールをベース周辺にコントロールする。

コツ 68 「追いタッチ」になるよう腕を動かす

捕球から本塁上でタッチする

捕球したらすばやくタッチの動作に入る

野手からのバックホームを想定し、ベース横に立ち走路を空けるポジショニングで構える。練習相手に離れたところから送球してもらい、ボールを捕球したらすばやくタッチ動作に入る。このときブロックや強いタッチにならないよう、ランナーの足に「追いタッチ」するような腕の動きを心がける。送球はランダムにコースや高さを変えることで、より実戦的な練習になる。

プラスワンアドバイス 1

ブロックや強いタッチにならないよう注意

コリジョンルールの導入により、キャッチャーはランナーの走路をふさぐ位置に立つことはできない。タッチに関してもブロックはできず、ランナーに対しての強いタッチ自体が禁じられているので注意。

コツ(69) 距離を保って キャッチボールする

キャッチボールの相手は
捕球ごとに後ろに下がる

捕球からスムーズに送球動作に入る

7～9メートルの間隔でキャッチボール
をする。相手が投げたボールを受けたらテ
イクバック入り、投げる方向に足をしっか
りステップして送球する。そうすることで
捕球後のステップワークとすばやい身のこ
なし、強い送球ができるようになる。

相手は捕球したら後方に1～2歩下がり、
キャッチャーがステップした分を調整して
キャッチボールの距離を保つ。

プラスワン アドバイス 1 ミットのなかで ボールを握る

キャッチャーの場合、しっかり縫い目に指
がかかることは難しい。ボールを捕球後は、
すばやくテイクバックに入り、できるだけ
スムーズにミットの
なかでボールを握
ることができるよう、
繰り返し練習する。

121

コツ**70** 点でボールを捕らえる

手のひらに
ボールを当てる

素手でボールを受け止める

ピッチャーのキレのある投球に対して、心地よいミット音を響かせるにはキャッチングのコツがある。まずはミットを外し、どの位置でボールを受け止めればよいか確認。1メートル離れたところで下から投げてもらい、そのボールに対して手のひらを当てる。このとき手のひらの「指の付け根」一点にボールが当たるよう手を動かすことで、安定的にキャッチングできる。

プラスワン アドバイス 1 一点に集中して 手のひらを当てる

投球の勢いでミットが流れてしまうと、ストライクがボールの判定になってしまうことも。捕球するときは点でボールをとらえ、そこにミットが動くことをイメージしながら、手のひらを当てにいく。

コツ71 点でボールをつかむ

素手でしっかり
ボールをつかむ

素手でボールをつかむ

投球に対して、手のひらを当てる位置が
わかったら、今度は手のひらでボールをつ
かむようにキャッチする。「指の付け根」
にボールが当たるようしていれば、ボール
は捕球できるはずだ。手のひらにボールが
当たっていなかったり、うまくつかめない
ような場合は、ミットをつけていても捕球
エラーにつながってしまう。しっかり練習
しよう。

プラスワンアドバイス 1 ボールをつかむ感覚を身につける

投球に対してのミットの動かし方は二種類
あるがつかむタイミングは変わらない。ボ
ールがミットに入る瞬間に、ボールをつか
んで、ミットから落
ちないように。指で
ミットを閉じる動作
をイメージする。

123

コツ 72 ギリギリのコースを しっかり押さえて捕る

ストライクゾーンで
ボールを捕球する

至近距離から投球を捕球する

　ブルペンでの投球練習でも可能だが、あえて7〜9メートルの至近距離がボールを投げてもらい捕球する。特に低めギリギリのコースへの投球は、ミットが流れてしまうとボールの判定になってしまうので注意。ストライクゾーンで構えたミットが、できるだけ動かないよう我慢する。際どいコースによっては、受けるミットの角度を調整して、ストライクゾーンで捕球する。

プラスワンアドバイス

コースによって 構える位置を変える

基本はアウトコースの低めだが、インコースのボールに対してもミットがスムーズに動くよう練習。右バッターのインコースの場合、向かって左寄りに移動して構え、ギリギリのコースでボールを捕球する。

コツ73 ステップを意識して 的に向かう

キャッチしたら
すばやくネットに向けて
投げる

捕球からの送球を繰り返す

キャッチャーのスローイングは、捕球からのすばやい動作とステップワークが大切だが、実際にボールを投げなければ上達することはできない。ネットスローは、一連の動作を繰り返し練習できる練習法だ。

5〜7メートル離れたとこからボールを投げてもらい、捕球後はテイクバックからステップし、ネットに向けてボールを投げる。テイクバックではボールをしっかり握ること。

プラスワンアドバイス ネットに的をつけて 狙って投げる

ネットに対して漫然と投げるのでは意味がない。ホームから各塁への距離を想定して、ターゲットになる高さに目標を定める。そうすることで送球の高さが安定して、強いボールを投げることができる。

コツ 74 大きな声で ノックを盛り立てる

Check Point!
❶ 大きな的となって
　野手からの送球を待つ
❷ グラウンドや風の
　状況をチェックする
❸ 捕球から送球動作で
　守備力をアピールする

選手全員が
守備について
ノックを受ける

具体的な指示でノックを実戦的にする

　試合前のシートノックは、各野手が持ち場のポジションにつき、ノッカーがまんべなくノックの打球を飛ばす。そのチームの守備力をはかることができる重要な機会だけに、全員がキビキビと躍動し、スキのないように動けることが大切だ。

　キャッチャーは、より実戦的なシートノックになるように、ほかの野手をリードする。ノックを打つ前には守備位置につく野手に対し、想定されるランナーとアウトにとる方法を大きな声で指示する。それに合わせて各野手がボールをまわし、キャッチャーは本塁への送球に対しての受け手となったり、捕球後の転送プレーにも参加する。ノックにはキャッチャー自身のゴロやフライ捕球も含まれているが、ほかの選手にミスがあった場合でも声で励まし、元気よくノックが行える雰囲気をつくる。

POINT 1

大きな的となって
野手からの送球を待つ

キャッチャーは各野手からの送球の的となるため、手を広げた大きなジェスチャーで構えること。戻ってきた送球は、正確に捕球して次のノックにつなぐ。ショートバウンドとなった場合は体で止め、バックホームでは、本塁でのタッチ動作も入れる。

POINT 2

グラウンドや風の
状況をチェックする

キャッチャーゴロやキャッチャーフライのノックは、自らも捕球プレーに関わる機会だ。ゴロにおいてはグラウンドの土の状態やボールの転がり具合をチェックし、フライにおいては風の巻き具合や太陽の日差しがまぶしくないかなど調べておく。

POINT 3

捕球から送球動作で
守備力をアピールする

ノック中のボールまわしも守備力をアピールする要素。キャッチャーは肩の強さだけでなく、捕球からのステップワーク、送球をスピィーディーに行うこと。そうすることで相手チームが警戒し、機動力を使えなくなることもある。強く、正確な送球を心がける。

プラスワンアドバイス　キャッチャーの声が
ノックの雰囲気をつくる

ノック中のキャッチャーの声は、野手全員の指示だ。ときには野手に対して「風で右に流れるぞ」などとプレーの注意点も指摘する。大きな声を出すことはもちろん、野手にミスがあっても励ますことが大事。ノックを通じてチームの雰囲気を元気にみせる重要だ。

コツ 75 軽い負荷で肩の筋肉を強化する

インナーマッスル❶ ペットボトルを小指が外側へ向くように持ち、そのまま肩の高さまで持ち上げる。

ペットボトルの負荷でインナーマッスルを鍛える

インナーマッスルを鍛えてケガを予防する

　一般的に肩を強くするためには、遠投やネットスローなどボールを使った練習法が効果的とされている。確かに投げる動作をすることで、肩の筋肉は鍛えられ、強くすることができる。

　一方で肩は「消耗品」といわれるほど、ケガや故障が多い筋肉であることも事実。悪いフォームで送球を続けていたり、肩の内部にあるインナーマッスルに大きな負荷をかけることで肩を痛める原因となるのだ。

　肩のインナーマッスルは、内部にある繊細な筋肉だけに、大きな負荷は必要ない。送球をイメージした軽い動作で働きかける。そうすることで、肩のインナーマッスルが強くなり、肩に負荷のかかる送球動作にも耐えうる筋肉となる。ケガ予防も考えて、トレーニングの一部として導入するのも良いだろう。

インナーマッスル**❷** ヒジを直角に曲げてペットボトルを持ち、上腕を固定したまま前腕を前に倒す。

インナーマッスル**❸** 手のひらが正面を向くようにペットボトルを持ち、腕をまっすぐにしながら肩より上まで上げていく。

インナーマッスル❹　ペットボトルを持った腕を上げてヒジを曲げ、
後方から前方に腕を振り出す。

インナーマッスル❺　ペットボトルを持った腕を上げてヒジを伸ばし、
後方から前方に腕を振り出す。

コツ 76 股関節や体幹の筋肉を鍛える

股関節周りを
重点的に鍛える

キャッチャーの動作を取り入れて筋力アップ

キャッチャーはそんきょの姿勢で構えている時間が長く、野手のようにプレー中の大きな動きが少ない。そのため地味な動作をコツコツ積み重ねていくことが練習のテーマとなる。とりわけ下半身の土台となる股関節のインナーマッスルは、もっとも重要な筋肉。スピードを生み出す強さはもちろん、ボールに対してスムーズに反応するための柔軟性が求められる。

アプローチとしてはボールを捕球しながら、キャッチャーの動作を通じて、股関節のインナーマッスルに働きかける方法がある。またフットワークの練習は、送球時のテイクバックやステップも意識すると効果的。加えて自分の体重を負荷にする自重系の筋力トレーニングも取り入れて、キャッチャーとしての体をつくっていく。

コツ77 そんきょの姿勢から テイクバックする

❶ ❷
❸ ❹

捕球からトップまでの
形をつくる

捕球からの送球動作をスピードアップ

　足の速いランナーは、3.2秒前後でベースに到達する。ピッチャーがクイックで投げても、ミットにボールが入るまでには1.25秒以上かかるため、キャッチャーに残された2秒ほどだ。まずは捕球からの送球に移る動作をスピードアップしよう。

　そんきょの姿勢でミットを構えたところから、すばやくテイクバックしながら軸足を引いて、前足をステップして止まる。

プラスワンアドバイス テイクバックしながら ボールを握る

少し離れたとこから練習相手にボールを投げてもらい、実際に捕球してからテイクバックに入る。このとき慌てずボールをうまく握れることが大切。ミットを後ろに引きながらボールをしっかり握ることで強い送球ができる。

コツ**78** 姿勢を維持して インナーマッスルを鍛える

構えを維持して 横に進む

❶ ❷
❸ ❹

カニのように横に進んで筋力アップ

　そんきょの姿勢からのすはやいステップ ワークやショートバウンドに対応するため の動作は、すべて股関節まわりの筋肉が関 連する。

　股関節のインナーマッスルや体幹の筋肉 が強ければ、パワーとスピードを発揮する ことができ、体勢が崩れても上体を保つこ とができる。構えの姿勢を維持したまま、 カニのように横方向に進むことで、股関節 のインナーマッスルを鍛えることができる。

プラスワン アドバイス 構えの姿勢を 維持して横に進む

進む方向によって股関節内の使う筋肉も違 ってくる。左方向に進んだら、帰りは右方 向へ進む。移動中は腰の位置が上下したり、 上体が前後しないよう基本の構えを維持す ることで、キャッチ ングの構えにも安定 感が出てくる。

コツ79 リズムよく足を動かして返球する

❶ ❷
❸ ❹

足を開閉して
ボールをキャッチ

足を開閉させながらボールを返す

　どこにどう弾むかわからないショートバウンドに対して、うまく反応するには、ある程度リズム感も大事。練習相手にトスを投げてもらい、キャッチャーはリズムよく足を開閉さながら、ボールをすばやくキャッチして相手に返す。

　回数またはタイムを設定して続けることで、股関節の筋力とリズミカルなステップワークを磨くことができる。

 プラスワンアドバイス

リズムよくボールを受け渡しする

　キャッチャーは基本の構えから足を閉じてスタート。その場の軽いジャンプで足を開いてボールをキャッチし、返球と同時にジャンプして足を閉じる。ペアは足の閉じるタイミングとリズムを意識しながらボールを渡す。

コツ **80** 構えの姿勢で ボールに飛びつく

ボールをキャッチして
相手に返す

ミットは下にさげず捕球する

　基本の構えでボールを待ち、練習相手が投げるボールに反応する。左右のボールに対しては、軽いサイドステップで移動してできるだけストライクの投球を受ける形で捕球する。上のボール対しては、上方に大きくジャンプしてキャッチし、その場で着地して捕球姿勢をとる。股関節の筋力を使ってジャンプし、ショートバウンドの捕球のようにミットは下につけない。

プラスワン アドバイス **1** 方向と順番を 決めて投げる

最初は練習相手の投げるトスを「右→左→上」というように順番を決めて行う。慣れてきたら練習相手はランダムにボールを投げ、キャッチャーはすばやく反応。キャッチしたら元の位置に戻って構える。

コツ 81 スクワットの姿勢から左右に動く

❶ ❷
❸ ❹

正しいフォームで
負荷をかける

スクワットの姿勢から股関節を広げる

スクワットは正しいフォームで行えば、腹筋や背筋などの体幹をはじめ、モモの筋肉にも働きかけることができるエクササイズだ。加えて横への動きを入れることで、股関節内のインナーマッスルも鍛える。

両足を肩幅程度に開いて、その場で一回スクワット。立ち上がってから片足を軸にして、片ヒザを曲げて腰を落とす。一旦立ち上がって反対側へ。これを繰り返す。

プラスワンアドバイス 正しいフォームでスクワットを行う

スクワットは正しいフォームで行わないと意味がない。腰を落としたときにツマ先よりヒザが前に出たり、腰が必要以上に落ちてしまうのはNGだ。ランナーがいるときのやや腰高なキャッチャーの構えをイメージしよう。

コツ 82 前に大きく踏み込んで戻る

ステップする足に
重心を乗せる

ランジで下半身の土台づくり

　ランジはスクワットよりもモモや尻の筋肉を鍛えることができるエクササイズ。足を前後に大きく開いて腰を落とすことで、太モモの前にある大腿四頭筋や後ろのハムストリングス、尻の大殿筋など下半身の土台となる筋肉を刺激する。

　手を組んだ立ち姿勢から、左右の足を交互に踏み出す。戻るときは、踏み出した足と股関節まわりの筋肉を使って立つ。

送球動作を意識して鍛える

　スローイングは、投げる方向に足を踏み込んで行う。キャッチャーの場合、ピッチャーよりもステップ幅は大きくないが、ランジで使う筋肉は送球動作で使う筋肉と共通する。意識してトレーニングしよう。

コツ83 鉄棒を野球トレーニングに取り入れる

Check Point!
① 肩甲骨を寄せて体を持ちあげる
② 片手でぶらさがり肩まわりの筋肉を刺激する
③ タイミング良く体幹の筋肉を使って足をあげる

バーにぶら下がり両足をスイングする

鍛えにくい裏側の筋肉にアプローチする

「鉄棒」は上半身の筋肉をまんべんなく鍛えられるトレーニングだ。キャッチャーの場合、フットワークをはじめとする下半身の筋肉に注目しがちだが、どこにでもある鉄棒を使うことにより、上半身の筋肉に効率よくアプローチできる。練習の一環として取り入れてみると良いだろう。

特に送球動作に関わる肩甲骨まわりの筋肉は、懸垂が効果的。自分の体の重さを利用して広背筋や僧帽筋などを中心に体の裏側の筋肉をトレーニングする。

鉄棒の握り方やフォームによっては、体の表側になる大胸筋や腹直筋も鍛えられ、鉄棒につかまってぶらさがるだけで、肩を中心とするストレッチにもなる。

バーを順手でつかみ、肩甲骨を開いてぶらさがる。両足を前後に揺らし、上半身を中心にストレッチする。

POINT **1**

肩甲骨を寄せて 体を持ちあげる

肩幅程度の順手でバーを持ち、胸をバーの高さまであげていく。体を持ちあげるときは、ヒジを引いて肩甲骨を寄せることが大事。腕の力だけであけないよう注意しよう。できるだけ、ゆっくり上下して負荷を感じることがエクササイズのポイント。

POINT **2**

片手でぶらさがり 肩まわりの筋肉を刺激する

片手の順手でバーを持ちぶらさがる。片手で体を持ちあげて、もう片方の手でバーをつかむ。これを左右繰り返す。自分の体重を負荷にして、片手でぶらさがることで肩周辺と腕の筋肉をストレッチングし、体を引きあげる動作で筋力トレーニングになる。

POINT **3**

タイミング良く体幹の 筋肉を使って足をあげる

蹴あがりは、体幹を中心とする筋肉を連動させることで上手に動作することができる。肩幅程度の順手でバーを持ち、足をバーまで持ちあげる。ヒジを引いて肩甲骨を寄せながら体を後ろに引き、タイミングをあわせて足をあげる。

プラスワン アドバイス 体幹の力で ロープを登る

腕だけで登る「のぼりロープ」は、腕の筋肉だけのトレーニングのようだが、不安定な状況で力を発揮するためには、体幹がしっかりしていなければならない。ロープが揺れていても、力が入るよう体の軸をできるだけキープしつつ、登ることがポイント。

コツ 84 練習前後のストレッチで体をケアする

トレーニングで疲れた筋肉をケアする

股関節のストレッチ
両ヒザをつけるようにして腰を落とし、片側のヒザを地面につける。このとき、逆側のモモを締めること。

練習後のクールダウンで翌日に疲れを残さない

ストレッチは試合や練習の前後に行うことが重要である。これは野球に限らず、全てのスポーツに共通することだが、特に野球の場合はボールを投げ、肩を酷使するので上半身もしっかりケアしておくことが大事。ストレッチの基本としては、ひとつの動作につき、ゆっくりと20秒ほどカウントして行うことがポイントになる。

ウォーミングアップにストレッチを行う

ことにより、筋肉や体温が上昇し、体の動きがスムーズになる。筋肉が温まりほぐれると、頭でイメージした動作に体がしっかり追いついていくため、プレーの質の向上につながるのだ。

試合後や練習後にもストレッチを行うことで、筋肉内にたまった疲労物質を血流で押し流し、疲労を軽減することができるといわれている。

体側のストレッチ
上体を正面に向け、片手を上に伸ばす。伸ばした片足の方向にゆっくりと上体を倒す。前傾姿勢にならないように注意する。左右行う。

股関節のストレッチ
両足を大きく開き、背筋を伸ばす。背筋をしっかり伸ばした状態で、ゆっくりと上体を前傾させる。

モモ前のストレッチ
仰向けに寝て、片ヒザを曲げる。曲げた方のふくらはぎとモモをぴったりと密着させることがポイント。左右行う。

臀部のストレッチ
片ヒザを曲げて、反対の足をヒザの上に乗せる。その状態で曲げたヒザを胸に近づけると、臀部の筋肉が伸ばされる。左右行う。

足首のストレッチ
両足を交差して立つ。両ヒザを曲げてやや前傾姿勢になり、片方の足首を曲げる。ヒザに両手を置いて上半身を支える。左右行う。

前腕のストレッチ
正座の状態から、指先を自分の方に向けて手のひらを床につける。手のひらをしっかり床につけながら、ヒジを伸ばした状態で体重を後ろにかける。同様に手の甲をつける。

肩甲骨のストレッチ
四つん這いの状態から、片腕を体の正面に通す。反対の手で、上半身を支える。左右行う。

背中のストレッチ
正座の状態から、両腕を前に伸ばしながら上体を倒していく。両手が床に着くまでゆっくりと前傾させる。

二の腕のストレッチ
両足を肩幅程度に開いて立つ。片方のヒジを反対側の手で支えて、後方に引っ張る。二の腕が引っ張られ、気持ちよく感じるところでキープ。左右行う。

肩甲骨のストレッチ
両足を肩幅程度に開いて立つ。上体を深く前傾させながら、両手を組んだ状態で上に向かって引っ張る。

キャッチャーの準備

PART 7

コツ85 心技体で キャッチャーの準備をする

心からキャッチャー
というポジションに
向き合う

Check Point!
❶体をつくる三食の
質にこだわる
❷キャッチャーならではの
暑さ対策で乗り切る
❸試合・練習後はきっちり
体をメンテナンスする

強い体をつくってハードワークする

キャッチャーはプロテクターやレガース、面をつけてプレーするため、肉体的にもハードなポジションといえる。投球やファウルチップが体に直撃することもあり、ケガの多い守備位置だ。ボールを恐れるあまり、捕球ミスが続くようならピッチャーとの信頼関係が築けないため、体を張ってプレーすることが求められる。

まずはキャッチャーとして「強い体」を

つくることが大事。その体をつくるのは日頃の食事であり、体へのメンテナンス、そして体をコントロールするメンタルの充実だ。特に筋力やパフォーマンスの発揮に大きく関わる食事や水分補給は日頃から意識したいところ。

またハードワークをこなした体をケアし、自分の持っている能力が常に出せるようにつとめることもポイントになる。

POINT 1
体をつくる三食の質にこだわる

食事は体をつくる大事な要素。バランスのとれた三食をしっかり摂り、筋力アップするにはどのような食材が最適か、日頃から意識する。空腹時には、安易にスナック菓子などを食べず、「補食」となるようなオニギリやゼリーなど摂ると良い。

POINT 2
キャッチャーならではの暑さ対策で乗り切る

夏場のキャッチャーは、ほかの野手以上に暑さ対策が必要だ。基本的には水分補給は欠かさない。ノドが乾く前に飲むことがポイント。さらに真夏の試合では、ベンチに戻ったら冷たいタオルや氷のうなどで頭や首筋を冷やし、暑さ対策を念入りに行う。

POINT 3
試合・練習後はきっちり体をメンテナンスする

キャッチャーの体は酷使されている。試合や練習が終わった後のクールダウンやストレッチ、帰宅後の入浴やマッサージは体をメンテナンスするのに最適だ。体が疲れていると頭も回らず、ピッチャーのリードやチームの司令塔としての役割を担えない。

プラスワンアドバイス
チームの戦術を理解して投球を受ける

キャッチャーの体を支えるのが「強いメンタル」だ。ピッチャーのリードはもちろん、チームの守備をけん引する役割だけにピンチでも動じないメンタルの持ち主であることが理想。日頃のコミュニケーション能力やリーダーとしての自覚が求められる。

コツ 86 バッテリーで コミュニケーションを密にする

ピッチャーとの
信頼関係を築く

信頼関係がなければ全力で投球できない

あるチームで打力があり、キャッチャーとしても能力のある選手が、体を張ってボールを捕らないためにパスボールが多く、ピッチャーには投げにくいという声があった。キャッチャーとしては意識していなくても、ついついプレーや表情に表れてしまう。これではピッチャーとの信頼関係は築けない。新チームでポジションを決めるときは、まずバッテリーから決めていくとい

うほどチームの核となる部分だ。まずバッテリーに信頼関係がなければ、チームの土台が成り立たないと理解しよう。

ブルペンでボールを受けるにしても、ピッチャーに配球の意図を伝え、実際の試合で投げられるよう練習することが大事。ピッチャーのフォームもチェックして、調子を落としているときにキャッチャーからの目としてアドバイスできるよう準備する。

ピッチャーを 全力で引き立てる

キャッチャーは 常にピッチャーを 引き立てる

年の上下に関わりなくピッチャーをリードする

キャッチャーがしっかりしているチームは例外なく強く、しっかりした野球をしてくる。とかく「キャッチャーは女房役」と表現されるが、正確には「ピッチャーを引き立てるような男」でなければならない。

リードや配球、守備全般について、大きな責任を負うため「完封すればピッチャーの功績」、「打たれればキャッチャーの責任」という覚悟が必要だ。

キャッチャーは、チームが勝つことやピッチャーが良い投球をすることを最優先に考え、全力で支えサポートする。とりわけアマチュアの学生野球の場合は、先輩後輩やチーム内の力関係があるとプレーに影響する。年下のキャッチャーであっても年上のピッチャーをグイグイ引っ張ることができるメンタルが大切だ。

147

コツ 88 明るく元気に チームを引っ張る

キャッチャーの元気が
チーム全体に広がる

大きな声やジェスチャーでチームを明るくする

　キャッチャーにはとにかく「元気」が求められる。チームを明るくするのもキャッチャーの性格か大きなウェイトを握る。強いチームは、キャッチャーが大きな声やジェスチャーでチーム全体に的確な指示している。そのようなチームは、よく統率され守備手のほころびが少ない。

　勝っていても負けていても同じように、元気にプレーできる選手こそが「キャッチ

ャー向き」の性格といえる。逆に大人しいキャッチャーは、負けている展開でチーム全体が沈むし、ピッチャーの投球にも迷いが出てしまう。これではキャッチャー失格。

　自分自身に多少の迷いがあっても「打たれたら自分のリードの責任」というように、ピンチでピッチャーが信頼できるような底抜けの明るさ、力強さが扇の要には最適だ。

コツ 89 持っている能力に 関係なく努力する

キャッチャーの
タイプを自覚して
練習を重ねる

何が足りないかを考え努力する

キャッチャーといえば体が大きくても足が遅い、という選手のイメージがあるが、スリムで俊足なキャッチャーもたくさんいる。キャッチャーには「肩が強い選手」「頭が良い選手」「体が柔らかい選手」が向いているといわれている。

もちろん、どれもキャッチャーには必要な能力で、高ければ申し分ない。しかし肩が強い選手は、その強さを過剰に意識する

あまりコントロールがよくないことがある。また体が少々硬くてもフットワークやキャッチングを磨けば、捕球能力を向上することができる。

頭を使うインサイドワークについては、持っている能力というよりは経験や勉強で養っていくものといえる。一度失敗したことは忘れずにノートにつけ、次のリードに生かしていくことが大切だ。

コツ 90 キャッチャーの重責を チームで分担する

チームリーダーであっても
まずは〝バッテリー〟を
優先する

副主将やバッテリー責任者でチームに貢献する

キャッチャー＝キャプテンのイメージがあるだろう。しかしチームの守備面の司令塔となるキャッチャーは、まずバッテリーの仕事に専念することが大事。ひとりの選手だけが重責を担うようなことになると、その選手が活躍できないばかりか、チーム全体が機能しなくなる。

キャプテンというチーム全体を統括する立場になると、勝つためには守備だけでな

く打撃でも貢献しなければならない。バッティングの調子が悪ければ、ピッチャーのリードにも影響を及ぼすことがある。

チームによっては、攻撃面やチーム全体のリーダーであるキャプテン(主将)は、リーダーシップがある別の選手が担うことも有効だ。キャッチャーには副キャプテンやバッテリー責任者という肩書で、チームをけん引する役割にする。

コツ 91 ベンチの考えを キャッチャーが体現する

指導者のアドバイスを加え
冷静に判断する

リードの成果やデータを次回以降に生かす

ピッチャーがマウンドで動揺したり、キャッチャーがリードで迷っているなら、すかさずベンチはタイムを入れて伝令を出すことがポイント。タイムを入れて、ひと呼吸おくだけで、バッテリーは落ち着き空気が変わることがある。このとき伝令は、できるだけ具体的なアドバイスを伝え、しっかり間をとる雰囲気づくりが大切だ。

攻守のチェンジでベンチに戻ってきても、

ピッチャーとその回の配球について、確認を行う。結果的に抑えていても、リードの意図が伝わっていなければ守り切ることはできない。さらにベンチが収集したバッターのデータもチェックする。

特に守備中に直接アドバイスできない指導者とのコミュニケーションは大事。監督・コーチのアドバイスにしっかり耳を傾ける。

コツ 92 防具で体を守る

Check Point!

❶ピッチャーから見やすい
　丸形のミットで構える
❷あらゆる防具で
　ボールから身を守る
❸キャッチャーの動作に
　適したスパイクを選ぶ

**キャッチャーの
アイテムを
チェックする**

ヘルメット

プロテクター

マスク

レガース

スパイク

体のサイズにあった防具を装着する

　キャッチャーはピッチャーの投球を受けるために、専用のミットで捕球する。内野手のクラブよりもやや大きく、丸い形状となっているのが特徴。自分の捕球スタイルに適した形・重さのミットを選び、自分の手と同じような感覚でキャッチできるよう使い込む。

　また、キャッチャーは野手のなかで唯一、体に防具をつけて守備につくポジション。

マスクやプロテクター、レガースをつけて投球やファウルチップ等の打球から身を守る。体をガードするアイテムは、自分の体のサイズにあったものを選ぶことが大切。体にフィットしていないと動作しにくくなったり、防具の間からボールが当たってしまう。近年ではヘルメットを着用し、マスク下には「スロートガード」を装着して頭やノドにボールが当たることを防ぐ。

ピッチャーから見やすい
丸形のミットで構える

キャッチャーミットは、ピッチャーの投球の的として、見やすい丸形が基本。落ちる変化球への対応のため、縦長の軽量ミットもある。ミット自体の大きさポケットの深さ、全体バランスなどミットの種類は豊富。手を入れてみて、しっくりくるものを選ぶ。

あらゆる防具で
ボールから身を守る

着用が必須となるマスクやプロテクター、レガースに加え、ヘルメットやスロートガードもケガから守る大事なアイテムだ。さらに股間を守るセーフティーカップやニークッションなどは、体にボールが当たったときの痛みやプレー動作を軽減。

キャッチャーの動作に
適したスパイクを選ぶ

スパイクには、捕手専用のものや野手兼用のものがある。ほかの野手にはない立ったり座ったりの動作や送球時のフットワークに耐えうる素材が適している。使い方によっては右足の爪先が破れてしまうので、カバーをつけて保護すると長持ちする。

チームとして必要な
アイテムを揃える

試合に出場するキャッチャーはもちろん、ブルペンや投球練習を捕球する控えのキャッチャーもヘルメットやマスクの着用がルール化されている。ミットは選手個人の所有となるが、防具などはチームとして用意し、使用する選手がメンテナンスすることが大事。

コツ 93 ミットを使ったら メンテナンスする

使ったら
必ずメンテナンス

布団乾燥機を使ってミットを乾かす

キャッチャーはピッチャーの投球を受けるために、専用のミットで捕球する。

投球の衝撃を受けとめるキャッチャーミットは、使用後に手入れしておくこと。日々のメンテナンスがミットを長持ちさせる。

まず、使用後はミットを乾燥させることが大事。表面についた水分だけでなく、内部の湿気も布団乾燥機を使って乾かす。そうすることでミットの悪臭を防止し、必要

以上に重くならないようにする。

次にミットについた汚れを柔らかいブラシを使って落としていく。このとき革が傷つかないよう、革の繊維に沿ってブラッシングした後に、布で汚れをふきとる。

最後に少量のオイルを捕球面や背面、指先部分などに塗っていく。指先を使って薄く伸ばすようにして塗れば、ミットのメンテナンスは終了。オイルのつけ過ぎに注意。

コツ 94 グラウンドを均して イレギュラーを防止する

キャッチャーは
グランドの状態にも
目を光らせる

グラウンドへも目配りし次のプレーの準備をする

キャッチャーはピッチャーのリードやチームの守備だけでなく、グラウンドの状態にも目配りできることが大切。

例えばランナー一塁で右バッターがバントし、ランナーは二塁進塁した状況では、次のバッターが左バッターだったなら、右バッターボックス内にスパイクで掘れたような穴がないかチェックする。

もし掘れた部分に投球が弾んだりしたら、イレギュラーしてボールがどこにいくかわからない。**穴があれば足でしっかり均し、平らな状態に戻しておく。**そうすることでピッチャーの投球が右バッターボックスでワンバウンドしても安心して捕球動作に入ることができるのだ。

万が一の確率ではあるが、このようなちょっとした目配りができるかどうかで、キャッチャーとしてのスキルが一段あがる。

<ruby>コツ<rt></rt></ruby>95 ベンチのデータを活用する

リアルタイムで
情報を集め
リードに生かす

客観的なデータに基づき配球を練る

対戦する相手チームの分析は、試合に勝つための準備といえる。それぞれのバッターの特徴は、そのチームの試合をみたり、映像でチェックすることである程度は把握できるが、その試合でのコンディションや状態によって変わるので注意が必要だ。

自チームのピッチャーの投球に対して、相手バッターがどのようなスイングや対応をするのかは対戦しないとわからない。試合中のベンチではピッチャーの投げたボールのコース、球種、打撃結果をすべて記録する。

キャッチャーはベンチに戻ってきたら、そのデータを確認して自分がマスク越しにみた感覚とすり合わせることが大事。打球方向や打撃結果から客観的に分析し、次の打席ではどのような配球で攻めれば良いのか、事前に準備・イメージしておくこと。